중학생
인생수업

모범생을 뛰어넘는 39가지 성공 습관

중학생
인생수업

박성철 지음

추수밭

최고의 인생 스토리를 만드는 법

"인생은 중학생 때 결정된다."

감히 이 책의 처음에 여러분에게 이 말을 들려주고 싶습니다. 중학생 시절이 성공이라는 황금 씨앗을 심는 시기이기 때문입니다.

초등학생 때 여러분은 꿈이 아주 많았지요? 대통령, 연예인, 의사, 교사, 법조인, 스포츠 선수 등 수십 가지 꿈을 꾸었고, 그 꿈이 수시로 바뀌었을 것입니다. 그 시기는 세상에 수많은 성공이라는 씨앗 중에서 자신에게는 어떤 씨앗이 맞는지 살펴보고 고르는 시기라고 할 수 있습니다.

하지만 중학생이 되면서 여러분은 바라던 많은 꿈 중에서 자신에게 맞지 않거나 적성과 어긋난 꿈은 버리고 진정으로 자신에게 적합하고 강렬하게 원하는 꿈을 하나 선택합니다. 막연히 뜬구름 잡는 꿈이 아니라 여러분의 손으로 잡을 수 있는 현실적이고, 자신의 노력에 따라 실현할 수 있는 꿈을 갖는 것이지요. 그 순간, 여러분에게는 중학생 인생 수업이 시작되는 것입니다.

여러분은 이제 자신의 인생 밭에 성공이라는 황금 씨앗을 뿌릴 것입니다. 하지만 아무렇게나 두어도 저절로 잘 자라나는 씨앗은 없습니다. 적당히 물을 주어야 하고, 따스한 햇살을 쬐어주어야 훗날 아름다운 꽃을 볼 수 있습니다.

이 책에는 중학생인 여러분이 인생이라는 경기장에서 성공이라는 꽃을 활짝 피우기 위한 39가지 비결을 담았습니다.

'나를 찾아라'에는 성공을 위해 자기 자신을 찾는 방법이 제시되어 있습니다. 자신의 현재가 어떤지 살펴보고, 그 위치에서 자신이 원하는 곳으로 나아가기 위해 갖춰야 할 것들을 알 수 있을 것입니다.

'인생에서 배우기'에서는 다른 사람의 인생이나 여러 가지 사례에서 배워야 할 점을 통해 내 인생을 성공 스토리로 만들어가는 법을 하나하나 알아갈 수 있을 것입니다.

　성공에도 법칙이 있습니다. '성공의 기술 익히기'에서 그 법칙들을 제시했습니다. 지금은 정보화 시대이자, 빠르게 변하는 스피드 시대입니다. 이런 세상에서는 성공에 접근하는 공식을 배우는 것이 필요합니다. 그 성공 방정식을 여기에서 배울 수 있을 것입니다.

　'세계를 품어라'는 세계로 향하는 자세와 그 대처 방법이 제시되어 있습니다. 글로벌한 세상에서 살아가는 여러분은 눈을 더욱 크게 뜨고 세계로 향한 자신의 꿈을 키워가는 것이 필요합니다. 그 세상의 주인공으로 우뚝 서기 위한 방법을 배울 수 있을 것입니다.

　지금 여러분은 인생에서 가장 중요한 시기에 서 있습니다. '인생 경주' 경기장을 살펴보고, 막연히 워밍업을 해온 초등학생 시절을 마치고 이제 그 출발선에서 '땅!' 하는 출발 신호를 기다리고 있습니다.

인생 경주에서는 스타트가 늦으면 승부에서 그만큼 뒤처집니다. 여러분이 이 책을 읽고 39가지 성공 비법을 잘 실천한다면 그 스타트를 가장 빠르고, 탄력 있게 할 수 있을 것입니다.

나는 바라고 바랍니다.

이 책을 통해 여러분이 자신의 인생을 현미경으로 살피듯 속속들이 알기를.

나는 바라고 또 바랍니다.

이 책을 통해 시선을 현재가 아닌 미래에 두고 최고의 인생 스토리를 개척해나가는 여러분이 되기를…….

박성철

차례

인생에서 배우기 他山之石

성공의 기술 익히기 實用主義

세계를 품어라 浩然之氣

아무도 가지 않은 길을 가는 용감한 나

●

내 안에 나보다 큰 내가 있다

●

이 시대 최고의 브랜드는 '나'

●

'해피 엔딩'을 위한 나만의 성공 시나리오

●

세상의 편견을 거부하고 나의 가치를 믿어라

●

내가 나에게 들려주는 응원가

●

자신과 한 약속은 세상에서 가장 소중한 약속

●

성공 인생으로 이끄는 나의 '인생 사전'

●

나의 가치는 나를 사랑하는 내 마음의 크기

●

빛나는 미래를 위한 습관 들이기

●

나는 나! 다른 사람과 비교하는 것을 거부한다

●

미완성이기에 아름다운 나

나를 찾아라

自我實現

자 아 실 현

아무도
가지 않은 길을 가는
용감한 나

"역사는 여태껏 없었던 것을 과감하게 시도한, 용감한 사람들이
만들어왔다."

세계 최초로 종일 뉴스만 방송한 테드 터너

1991년 발발한 걸프전으로 돈을 가장 많이 번 것은 누구일까?
무기 제조업자? 승리한 나라? 아니다. 그러면 2001년 9·11테러 사
건으로 손해는커녕 막대한 부(富)를 얻은 것은 누구일까? 보험을
많이 든 건물주? 건설업자? 역시 아니다.

두 질문에 대한 답은 미국의 뉴스 전문 방송 CNN(Cable News
Network)이란다. 걸프전과 9·11테러가 일어났을 때 전 세계인은

TV 하단에 CNN 로고가 찍힌 뉴스를 보며 그 사건을 바로 옆에서 지켜보는 듯한 느낌을 받았다.

CNN이 세계적인 뉴스 채널이 될 수 있었던 것은 기막힌 아이디어와 도전 정신이 빛나는 테드 터너(Ted Turner) 회장 덕분이었지. 하루 24시간 오직 뉴스만 방송하는 채널, CNN. 도대체 어떻게 해서 생겨났을까?

조그만 광고 회사를 경영하던 테드 터너는 어느 날 생각했다.

'앞으로는 방송이 더욱 큰 역할을 할 거야.'

터너는 즉시 애틀랜타에 있는 조그만 유선방송국을 인수했어. 그 다음에는 애틀랜타 브레이브스 프로야구단과 다른 지방 방송국을 인수하면서 사업 영역을 확대해나갔지. 당시는 연예인이 출연하는 토크쇼나 드라마 같은 프로그램이 인기를 독차지할 때였다. 방송국을 여러 곳 인수한 터너는 또다시 깊은 고민에 빠졌지.

'남들이 도전해보지 않은 분야, 그러면서 사람들에게 도움을 주는 분야, 그것이 어떤 분야일까? 그래, 그거야! 하루 종일 뉴스만 방송하는 방송국을 세우는 거야.'

1년 동안 시장조사를 한 그는 확신을 가지고 일을 시작했어.

처음 그가 CNN을 만들 때만 해도 사람들은 거들떠보지도 않으며 콧방귀를 뀌었다.

"세상에 하루 종일 뉴스만 하는 채널을 누가 본다는 거야?"

"그러게 말이야. 테드 터너가 드디어 미치기 시작했군."

사람들이 손가락질할 때도 그는 눈 하나 깜짝하지 않았어.

1980년 6월 1일, 애틀랜타에서 드디어 CNN이 첫 전파를 송출했다.

그때 기자가 찾아와 테드 터너에게 물었지.

"왜 남들이 안 된다고 하는 뉴스 전문 채널을 만들었습니까?"

터너는 씩 웃으며 이렇게 대답했대.

"모두 불가능하다고 하는 일에 도전하여 성공하는 사례를 보여 주고 싶어서요."

CNN이 처음으로 내보낸 뉴스는 텍사스 주에서 발생한 흑인 지도자 저격 사건이었어. 이어서 1981년 로널드 레이건(Ronald Reagan) 저격 사건, 교황 요한 바오로(Johannes Paulus) 2세 저격 사건 등을 방송하면서 CNN은 세계인의 주목을 받기 시작했지. 그리고 1991년에 걸프전이 발발했다. 사람들은 전쟁 소식이 무척 궁금했지만 누구도 감히 전쟁터에 쉽게 접근할 수 없었지. 그때 테드 터너는 이라크 현지에 피터 아넷(Peter Arnett)이라는 기자를 보내어 전쟁 상황을 생생하게 보도했다.

전쟁터의 생생한 장면들이 방영되자 CNN은 전 세계인의 폭발적인 반응을 얻었고, 다른 방송국들은 CNN에 막대한 돈을 지불하며 방송권을 사들였다. CNN은 이제 10억이 넘는 전 세계인이 매일 시청하는 방송이 되었고, 테드 터너는 공룡 기업의 주인이 된 셈이지.

불가능해 보이는 일, 남이 하지 않는 일에 도전하는 것. 테드 터너는 그렇게 해서 큰 성공을 이룬 거야.

아무도 가지 않은 길에
황금 보물 상자가 숨어 있다

너희는 앞으로 살아가면서 테드 터너보다 큰 기회를 맞을 거야. 앞으로 올 세상에는 새로운 분야와 새로운 직업이 더 많이 생겨날 테니까. 처음 가는 길이다 보니 낯설고 불가능해 보이겠지만, 그런 곳에 오히려 황금 보물 상자가 숨어 있는 법이거든.

아직 아무도 성공하지 못한 일을 하려면 겁먹을 수도 있겠구나. 그렇다고 도전해보지도 않는다면 모든 것이 빠르게 변해가는 정보화 시대에 어울리는 사람이라고 할 수 없겠지? 휴대전화나 인터넷을 생각해보렴. 불과 20년 전만 해도 거의 미개척 분야였고 도전해보는 사람도 거의 없었지만, 지금은 초등학생들도 흔히 사용할 정도로 현대인과 떼려야 뗄 수 없는 관계가 되지 않았니?

먼저 시작하는 사람, 끊임없이 변화하는 사람이 살아남을 수 있는 세상이야. 어쩌면 지금 이 세상에는 뚜껑이 닫힌 황금 보물 상자가 지천으로 깔려 있을지도 모른다. 단지 처음 보는 상자이기 때문에 사람들이 두려워서 열지 못하고 망설일 뿐이지.

미국의 해리 에머슨 포스딕(Harry Emerson Fosdick) 목사가 이런 말을 했다.

"요즘 세상은 너무나 빨리 움직여서 누군가 '이건 불가능한 일이야' 라고 말하는 순간 벌써 다른 누군가가 그 일을 하고 있다."

이렇게 빨리 돌아가는 시대에 사는 만큼 늘 열린 사고로 세상에 존재하는 모든 것들을 바라볼 수 있어야 해. 그러다가 자신이 진정으로 원하는 새로운 것을 발견하면 거기에서 가능성을 엿보는 거야. 그 다음에는? 두려움을 떨쳐버리고 과감하게 시도해야지! 역사는 여태껏 없었던 것을 과감하게 시도한, 용감한 사람들이 만들어왔거든.

내 안에
나보다 큰 내가 있다

"자신의 잠재력을 하찮은 것으로 여기는 습관. 혹시 나에게도 있는 것은 아니겠지?"

자신을 헐값으로 취급하지 마라

인간이 살아가면서 가장 안타까운 일은 무엇일까? 여러 가지 대답이 있을 수 있지만, 자신의 능력을 다 사용하지 못하거나 과소평가하는 것이 아닐까?

심리학자 윌리엄 제임스(William James)가 이런 연구 결과를 내놓은 적이 있다.

"인간은 평생 자신에게 잠재된 능력 중에서 불과 5~7%밖에 사용하지 못한다. 그리고 그것이 자신의 모든 능력이라고 믿으며 살아간다.”

《톰 소여의 모험》,《허클베리 핀의 모험》,《왕자와 거지》로 유명한 마크 트웨인(Mark Twain)은 풍자를 적재적소에 잘 사용하는 작가다. 그의 책 속에도 우리가 깊이 생각해봐야 할 이야기가 있다.

한 남자가 죽어서 하늘나라에 갔다. 하늘나라에서 며칠을 지낸 그는 그곳에서 가장 능력이 뛰어나다는 신에게 물었다.

“저는 지상에서 군사학에 대하여 관심이 많았습니다. 그래서 군인이 되었지만 그다지 큰 성공은 거두지 못했습니다. 인류 역사상 가장 위대한 장군이 누구인지 가르쳐주십시오.”

전지전능한 신은 하늘나라에 있는 한 사람을 가리키며 이렇게 이야기했다.

“아주 쉬운 질문이구나. 저 사람이 바로 역사상 가장 위대한 장군이다.”

그러나 전지전능한 신이 가리킨 사람은 자신의 옆 동네에 살던 게으른 주정뱅이였다.

"아니 무슨 말씀을 하십니까? 저 사람은 결코 그런 사람이 아닙니다. 혹시 잘못 알고 계신 것 아닙니까? 저 사람은 주정뱅이에 불과했습니다."

전지전능한 신은 안타까운 표정을 지으며 말했다.

"그래, 맞는 말이다. 그러나 그가 만일 장군이 되었다면 역사상 가장 위대한 장군으로 남았을 것이다. 그의 잘못이 있다면 자신의 잠재력을 방치하고, 자신을 과소평가한 것뿐이지."

어떠니? 뭔가 찔리는 점이 있지 않니? 자신을 과소평가하고, 자신의 잠재력을 하찮은 것으로 여기는 습관. 혹시 너에게도 있는 것은 아니겠지?

성공철학의 거장 나폴레온 힐(Napoleon Hill)은 이런 말을 인용하면서 자신을 과소평가하는 것을 경계하라고 했지.

"자신의 인생을 싼값으로 취급하는 사람에게 인생은 그 이상을 지불하지 않는다."

잠재되어 있는 거대한 능력을 깨달아라

지금 너는 하나의 빙산이야. 빙산은 정면에서 보면 그리 큰 것 같지 않지만 바다의 수면 아래에 엄청난 몸을 숨기고 있거든. 과학적 통계에 따르면 빙산은 수면 위로 보이는 부분이 전체의 10% 정도에 불과하고, 수면 아래로 보이지 않는 부분이 나머지 90%에 이른다는구나.

사람들은 빙산을 바라보듯이 자신의 능력도 10%가 전부라고 생각하는 경향이 있다. 나머지 90%나 되는 능력은 길가에 아무렇게나 던져진 돌멩이처럼 관심을 두지 않고 말이다. 자신의 잠재된 능력으로 보면 거인인데, 현실에서는 땅꼬마처럼 생각하고 행동하는 것이지.

자기 안에 잠재된 능력을 키우기 위한 방법이 있다. '~인 척하기' 프로그램이지. 이는 마치 자신이 '무엇인가 해낸 척' 생각하는 거야.

'난 어려운 일에 도전했지만 이러이러한 노력을 해서 결국 이루어냈어' 라는 식으로, 마치 어려운 일을 이룬 것처럼 상상하는 방법이지. 물론 상상과 메시지의 주제는 긍정적이고 건설적이며 희망적이어야 한다.

'~인 척하기'를 많이 할수록 자신의 잠재력은 양파 껍질처럼 하나씩 벗겨질 거야.

"모든 사람들의 마음속에는 좋은 소식이 있다. 바로 자기 자신이 얼마나 위대해질 수 있는지, 얼마나 많은 사랑을 베풀 수 있는지, 얼마나 많은 것들을 이룩할 수 있는지, 잠재력이 얼마나 큰지 모를 만큼 한계가 없다는 것이다."

안네 프랭크(Anne Frank)의 이 말을 늘 가슴속에 표어처럼 새겨두렴.

이 시대
최고의 브랜드는 '나'

"더 많은 땀과 눈물을 흘리면서 내 이름을 어떤 분야에서 최고의 브랜드로 만들 것인지 선택해야 한다."

이름값이 중요한 시대가 되었다

요즘 들어 브랜드(brand) 얘기가 부쩍 많아졌구나. 21세기에 들어서면서 브랜드 가치의 중요성이 엄청나게 높아졌고, 앞으로는 더욱 높아질 것이다.

일반적으로 브랜드는 '판매자가 자신의 상품이나 서비스를 다른 상품이나 서비스와 구별하고 차별화할 수 있도록 사용하는 명칭, 기호, 디자인 등의 총칭'이라고 정의할 수 있다.

미국의 유명한 경제지 《비즈니스 위크(BusinessWeek)》와 영국의 브랜드 컨설팅 회사 인터브랜드(Interbrand)가 해마다 발표하는 '세계 100대 브랜드'를 보면 브랜드의 파괴력이 얼마나 대단한 것인지 느낄 수 있지.

2006년 발표한 보고서에 따르면 코카콜라의 브랜드 가치가 670억 달러(약 67조 원), 마이크로소프트가 569억 달러(약 57조 원), IBM이 562억 달러(약 56조 원)로 미국 기업들이 나란히 1, 2, 3위를 차지했다. 우리나라 기업 중에는 삼성이 162억 달러(약 16조 원)로 20위, 현대자동차가 41억 달러(약 4조 원)로 75위에 올랐구나.

사람들이 어떤 제품을 살 때 '아, 이건 ○○ 제품이니까 믿을 만하지!'라면서 브랜드를 보고 구매를 결정하는 경우가 많기 때문에 브랜드의 중요성이 더욱 커지고 있다.

그런데 이제는 상품뿐만 아니라 사람도 브랜드가 되는 시대다. 한류 열풍의 주역인 배용준의 브랜드 가치가 600억 원, 보아의 브랜드 가치가 300억 원에 달한다는 연구 결과가 있을 정도니 말이야. 자신의 이름이 기업이 되고, 상표가 되고, 돈이 되는 시대가 온 것이지.

'아, 김○○! 보험 분야에서 최고의 영업자지. 그 사람이면 믿고 보험에 들 수 있어.'

'아, 박○○! 자동차 엔진에 관한 한 그 사람이 최고라니까. 다음에 엔진을 고칠 일이 있으면 꼭 그 사람에게 맡겨야지.'

'아, 이○○! 그 헤어디자이너 머리 만지는 솜씨가 예술이야.'

사람들이 너의 이름을 들었을 때 바로 이런 생각이 떠오를 수 있도록 만들어야 한다.

세계 최고의 브랜드가 되기 위해

앞으로는 무슨 일을 하느냐보다 어느 정도의 실력으로 얼마나 인정을 받느냐가 중요한 세상이 될 거야. 부단히 자기를 관리하고 단련하는 자세가 필요하지. 세계의 석학 피터 드러커(Peter F. Drucker) 교수는 이런 말을 했단다.

"나폴레옹(Napoleón), 다빈치(Leonardo da Vinci), 모차르트(Wolfgang Amadeus Mozart) 같은 위인들은 항상 자신을

관리하기 위해 노력한 사람들이다. 즉 철저한 자기 관리가 그들을 위인으로 만든 것이다. 자기 관리란 자신을 최고경영자처럼 생각하고 행동하는 것이다.”

네가 한 회사의 사장이고 회장이고 총책임자라면 무슨 일이든 대강대강, 얼렁뚱땅 할 수 있을까? 무슨 일을 하든 자신이 최고경영자가 되어 추진하는 습관을 가져야 한다.

자신의 이름을 브랜드화하는 것은 비단 연예인이나 스포츠 스타들에게만 해당하는 이야기가 아니다. 더 많은 것을 배우고, 더 많은 사람들을 만나고, 더 많은 어려움과 부딪치고, 더 많은 땀과 눈물을 흘려보렴. 그러면서 자기 이름을 어떤 분야에서 최고의 브랜드로 만들 것인지 선택한 다음, 그 분야에서 가장 뛰어난 사람이 누구인지 조사하고 그의 삶을 연구해보는 거야.

컴퓨터 분야에서 최고의 브랜드를 가지고 싶다면 빌 게이츠 (Bill Gates)나 스티브 잡스(Steve Jobs), 미술 분야에서 최고의 브랜드를 가지고 싶다면 피카소(Pablo Picasso)나 반 고흐(Vincent van Gogh), 사업 분야에서 최고의 브랜드를 가지고 싶다면 잭 웰치 (Jack Welch) 등을 자신의 모델로 삼아서 집중적으로 연구하고 배워보는 건 어떨까?

옷이나 시계, 액세서리 같은 것만 명품으로 여기던 시절은 지났어. 이제 개인도 '명품'만 살아남는 시대가 되었다.

'해피 엔딩'을 위한 나만의 성공 시나리오

"내가 짜둔 성공 시나리오에 따라 충실하게 생활하면 몸값은 천정부지로 치솟는다."

인생의 실패자가 되는 10가지 방법

너에게 들려주고 싶은 성공 비결이 있구나. 미국의 동기 부여 연설가 커미트 루엑(Kermit Lueck)이 제시한 것인데 유심히 살펴보렴.

첫째, 오늘 할 일을 내일로 미뤄라.
둘째, 의사 소통을 분명하지 않게 하라.

셋째, 장점보다는 단점을 이야기하라.

넷째, 일을 대충 하라.

다섯째, 목표가 없는 나그네가 되어라.

여섯째, 소극적인 사람이 되어라.

일곱째, 자기 자신을 과소평가하는 사람이 되어라.

여덟째, 늘 걱정하는 습관을 들여라.

아홉째, 일을 억지로 한다는 생각을 가져라.

열째, 인생을 대충대충 살아라.

이게 뭐냐고? 이상하다고? 그래, 커미트 루엑은 이 10가지를 '인생의 실패자가 되는 가장 확실한 방법'이라고 했다. 아마 이것을 청개구리처럼 거꾸로 한다면 인생의 승리자가 될 거야. 실제로 그렇게 해서 할리우드의 스타가 된 배우가 있다.

바로 짐 캐리(Jim Carrey)란다. 그는 영화 〈마스크(The Mask)〉, 〈덤 앤 더머(Dumb&Dumber)〉, 〈트루먼 쇼(The Truman Show)〉 등을 통해 할리우드의 특급 배우로 우뚝 섰지. 그런데 그가 처음부터 그런 성공을 거둔 것은 아니다.

배우를 꿈꾸며 미국으로 건너온 짐 캐리. 처음에는 배역 하나 맡지 못해 촬영장을 여기저기 기웃거렸다.

'이렇게 살아서는 안 돼.'

그는 너무나 안이하게 사는 자신의 모습을 반성하며 할리우드가 내려다보이는 산꼭대기로 올라갔다. 그리고 안주머니에서 가짜 수표책을 꺼냈지.

천천히 그러나 쉬지 말고

'주연 : 짐 캐리, 출연료 : 1,000만 달러.'

이렇게 적고 멋지게 사인을 했다. 자신에게 출연료 1,000만 달러를 지급한 거지.

짐 캐리는 '진짜 출연료 1,000만 달러를 받을 때까지' 노력하겠다는 각오를 하고 그 수표를 지갑에 넣어두었어. 5년이 지난 뒤 그는 영화 한 편에 무려 2,000만 달러 이상을 받는 명배우가 되었다. 어렵고 힘든 무명 배우 시절에 늘 자신의 성공 시나리오를 짜두고 그대로 행동했기 때문이지.

'인생' 이란 영화의 주인공은 나

성공 시나리오는 배우에게만 해당하는 것이 아니다. 네 인생도 한 편의 영화와 같거든. 특별한 사건 없이 단조로운 영화는 감동도 없는 법이지. '인생' 이라는 영화를 위한 시나리오도 마찬가지다.

시나리오에는 실패도 있을 수 있고, 슬픔도 있을 수 있고, 아픔도 있을 수 있다. 그렇다고 해서 '인생' 이라는 영화의 상영을 멈출 수는 없는 법이지. 상영을 멈춘다는 것은 곧 삶을 포기한다는 것과 같으니까. 상영만 멈추지 않는다면 영화는 대부분 '해피 엔딩'으로 끝나게 마련이다.

지금 네가 처한 현실이 힘들고, 특별히 내세울 것이 없다고 포기해서는 안 된다. 어렵고 힘든 상황을 이겨내고 해피 엔딩을 만든다면 더 멋지고 감동적인 영화가 될 테고, 관객은 기립박수를 칠 테니까.

'인생'이라는 영화의 주인공인 너.

해피 엔딩을 위한 너만의 시나리오를 미리 구상하는 거야. 그 시나리오에 적힌 결말이 이루어질 수 있도록 하루를, 한 달을, 1년을 보내보렴. 네가 짜둔 성공 시나리오에 따라 충실하게 생활하면 몸값은 천정부지로 치솟을 테니까.

세상의
편견을 거부하고
나의 가치를 믿어라

> "외모가, 가난이, 외적 환경이 그 사람을 결정하는 것은 아니다.
> 사람이라는 그 사실 하나로 누구나 똑같은 가치가 있다."

외모 지상주의의 늪에 빠지지 마라

〈오프라 윈프리 쇼〉로 유명한 오프라 윈프리(Oprah Winfrey)는 성공한 여성 방송인 가운데 한 사람이다. 전 세계인의 존경을 받는 그녀가 자신에게 가장 많이 한 말이 무엇인지 아니?

"그래? 그래서 그게 어떻단 말야?"

사람들이 흑인이라고 인정해주지 않을 때, 볼품없는 외모라며 거들떠보지도 않을 때, 미혼모라고 손가락질할 때 마음속으로 이 말을 외쳤지.

인생이란 그럴싸한 패를 가지고 있다고 이길 수 있는 카드 게임이 아니다. 성공을 보장해주는 것은 키도, 외모도, 현재 지위도 아니야. 오히려 세상의 편견에 당당히 맞서고, 꿈을 향해 한 걸음 더 앞으로 나가야 성공에 가까워진다.

루키즘(lookism)이라는 신조어가 있지. 미국 〈뉴욕 타임스(The

New York Times))의 칼럼니스트 윌리엄 새파이어(William Safire)
가 2000년에 처음 사용한 단어인데, 우리말로는 '외모 지상주의'
혹은 '외모 차별주의' 정도로 해석할 수 있다. 새파이어는 사람들
이 감각적이고 눈에 보이는 것에 치중하는 경향을 지적하며, 이것
이 사회적으로 문제가 될 것이라고 말했다. 몇 년이 흐른 지금 이런
경향이 더욱 심각해졌지.

요즘 자신의 외모나 키 때문에 고민하는 친구들을 많이 본다.
사람의 가치를 외모로 판단하는 이들이 많기 때문이지. 그만큼 고
민이 더 많겠구나. 문제는 작은 키나 예쁘지 않은 외모 자체가 아니
라 그것 때문에 자신의 존재를 낮추고 비하하는 데 있다.

사람은 누구나 저마다 가치가 있다

지금 앞에 1만 원짜리 지폐가 두 장 있다고 생각해보렴. 한 장은
푸른 기운이 여전한 새 돈이고, 다른 한 장은 구겨지고 조금 찢어졌
다. 이 돈으로 인기 가수의 CD를 두 장 산다고 가정해보자. CD를
골라 들고 계산대에 가서 새 지폐와 낡은 지폐를 내미는 거지.

CD 매장의 주인은 어떤 행동을 취할까? 당연히 손님이 사려고 하는 CD 두 장을 줄 거야. 새 지폐와 낡은 지폐에 대해서는 아무 말도 하지 않는다. 새 돈이든 헌 돈이든 가치는 똑같기 때문이지.

사람도 마찬가지다. 외모가, 가난이, 외적 환경이 그 사람을 결정하는 것은 아니다. 사람이라는 그 사실 하나로 누구나 똑같은 가치가 있지.

인생에서 성공한 사람들을 보렴. 외모가 뛰어나지 않다거나, 키가 크지 않은 사람들이 아주 많지? 오히려 그런 점을 극복하고 스타나 유명인이 된 사람이 많다는 사실을 잊지 말아야 한다.

영화배우 겸 토크쇼 진행자 로지 오도넬(Rosie O' Donnell)이 그런 예란다. 수없이 퇴짜맞고, 그런 외모로 어떻게 배우를 하느냐는 편견에 맞서온 그녀는 지금 〈로지 오도넬 쇼〉를 진행하며 미국 연예계에서 막강한 파워를 자랑한다.

"사람들은 말했습니다. 너는 뚱뚱하고 거칠고 못생겨서 배우가 될 수 없다고. 하지만 나는 그때마다 이렇게 생각했습니다. '당신들의 판단은 틀렸어.' 여러분도 자신을 믿으세요. 나는 어릴 때부터 배우가 되는 꿈을 꾸었습니다.

꿈은 나를 구해주었고, 나는 성공할 수 있었습니다. 꿈은 내가 가고 싶은 곳으로 데려다줍니다."

로지 오도넬의 말을 기억하며 세상의 편견에 맞서는 네가 되기 바란다.

내가 나에게
들려주는 응원가

"나는 무엇이든 할 수 있는 슈퍼맨인 동시에, 아무것도 할 수 없는 나약한 존재다. 그것은 자신을 어떤 사람으로 생각하고 어떤 마음으로 대하느냐에 따라 달라진다."

가장 이기기 힘든 상대는 자기 자신이다

큰 성공을 거둔 독일의 기업인에 대해 이야기해주마. 사람들은 특별한 배경도 없고, 일류 대학을 나오지도 못한 그가 어떻게 그런 성공을 거두었는지 무척 궁금했지.

어느 날 그 기업인은 자신이 어떻게 성공했는지 궁금해하는 사람들을 초대했다. 집 안 곳곳을 둘러보던 사람들은 거실에서 고급

스런 액자가 걸려 있는 것을 발견했다는구나. 그 밑에는 이런 문구가 붙어 있었다.

'세상에서 가장 큰 성공을 거둔 사람.'

한 사람이 그 액자 앞에 섰더니 자신의 모습이 비치더란다. 그 액자는 바로 거울이었지.

나를 위한 응원가
나는 소중하니까

기업가는 낮은 목소리로 말했다.

"저는 매일 아침 이 거울 앞에 섭니다. 그리고 거울 밑에 있는 '세상에서 가장 큰 성공을 거둔 사람'이라는 글을 읽습니다."

사람들은 그가 성공한 이유를 알겠다는 듯 고개를 끄덕였지.

너는 응원단장이 되어야 한다. 자기 자신의 응원단장 말이다. 자신을 위해 신나게 응원가를 부르고, 힘이 빠질 때면 "cheer up" 하고 자신에게 힘을 불어넣어야지. 너는 네가 어마어마한 잠재력을 지닌 '다듬어지지 않은 다이아몬드'라는 사실을 절대 잊어서는 안 된다. 세상에서 가장 어렵고, 가장 이기기 힘든 상대가 자기 자신이기 때문이지.

어떤 사람이 그 어려움을 다음과 같이 이야기했다.

"나에게는 강한 적이 하나 있었다. 나는 그가 누구인지 알아내기 위해 많은 노력을 했다. 그는 나의 계획을 무너뜨리기 위해 부단히 노력했으며, 나의 목표에 장애물을 설치하고 방해했다. 나는 그 장애물에 걸려 번번이 좌절했다. 내가 무슨 일을 시작하려 하면 그는 '안 돼!'라고 냉정하

게 소리쳤다. 그러던 어느 날 마침내 그를 붙잡아 그의 가
면을 벗겼다. 드디어 그와 맞닥뜨린 것이다. 하지만 슬프
게도…… 그는 바로 나였다."

나는 형편없는 사람인가, 위대한 사람인가?

자신을 형편없는 사람으로 떨어뜨리는 것도, 위대한 사람으로
만드는 것도 자기 자신이지.

다행스러운 것은 너 스스로 자신을 조종할 수 있다는 사실이다.
마치 모형 비행기를 추락시킬 수도 있고, 가장 높은 곳으로 올라가
게 할 수도 있는 리모컨처럼 네 인생을 조종할 리모컨이 네 마음속
에 있단다.

세상에 단 하나뿐인 너!

너에게 끊임없이 격려의 노래와 승리의 응원가를 들려주렴. 실
망 섞인 한숨과 절망의 눈물을 보여주어서는 안 된다. 너는 무엇이
든 할 수 있는 슈퍼맨 같은 존재인 동시에, 아무것도 할 수 없는 나

약한 존재다. 그것은 자신을 어떤 사람으로 생각하고 어떤 마음으로 대하느냐에 따라 달라지는 법이지.

세상에서 가장 아름답고 위대한 노래는 '내가 나에게 들려주는 응원가' 라는 사실, 이제 알겠지?

자신과 한 약속은 세상에서 가장 소중한 약속

> "자신과 한 작은 약속을 하나하나 성실하게 지켜가는 것, 바로 신이 세상에 숨겨놓은 성공의 비법이다."

왜 실패하는가?

모든 실패에는 원인이 있게 마련인데, 결국은 하나로 귀결된다. 바로 자신과 한 약속을 어겼다는 것이지.

세상에 공부를 잘하고 싶지 않고, 성공하고 싶지 않고, 돈을 많이 벌고 싶지 않은 사람이 있을까? 공부 잘하고, 성공하고, 부자가 되려면 자신과 한 약속에 엄격해야 한다.

한 여자가 앞뒤로 늑대 그림이 새겨진 목걸이를 하고 다녔다. 그녀는 큰 성공을 거둔 뒤에도 어쩐지 그 목걸이만은 바꾸지 않았지.

어느 날 그것을 이상하게 여긴 사람이 그녀에게 왜 늘 같은 목걸이를 하고 다니는지 물었다.

"아, 이 목걸이요. 선택의 순간마다 필요하거든요."

무슨 말인지 몰라 다시 묻자 그녀는 이렇게 대답했다.

"한쪽 늑대는 착한 마음이고, 다른 쪽 늑대는 나쁜 마음이지요. 이 둘은 늘 싸운답니다."

"그러면 그 싸움에서 누가 이기나요?"

"내가 먹이를 더 많이 주는 녀석이 이기지요."

우리의 내면에는 늘 두 가지 마음이 싸움을 벌인다. 하나는 착한 쪽으로, 다른 하나는 나쁜 쪽으로 움직이지. 하지만 위의 이야기에서 알 수 있듯이 자신이 결심하고 약속한 쪽에 먹이를 주어야 한단다.

겨울이 깊으면 봄이 머지않으니
그것은 자연의 약속

말과 마음과 행동이 일치된 약속

성공적인 삶을 바라지 않는 사람은 없다. 그런 삶을 꿈꿔보지 않은 사람도 없지. 누구나 성공을 바라지만 누구나 성공하지 못하는 것은 그만큼 자신과 한 약속을 지키기 어렵다는 뜻이야.

약속에는 세 가지 종류가 있다.

첫째, 말로 하는 약속.

둘째, 마음으로 하는 약속.

셋째, 행동으로 옮기는 약속.

어떤 약속을 지키는 것이 가장 중요할까? 아마 행동으로 옮기는 약속이 가장 중요하다고 생각하겠지? 하지만 세 가지 약속을 한꺼번에 다 지키는 것이 중요하단다.

먼저 자기 자신에게 소리내어 약속을 들려주고, 마음속으로 어떻게 그 약속을 지킬 것인지 굳게 다짐하고, 행동으로 그 약속을 지켜내는 것. 그것이 가장 완벽하고 훌륭하게 약속을 지키는 방법이다. 말과 마음과 행동이 완벽하게 일치되는 것 이상은 없다는 얘기지. 다른 사람과 약속한 시간에는 1분만 늦어도 발을 동동 구르면서, 자기 자신과 한 약속은 아무렇지도 않게 어기는 사람에게 성공은 작별인사를 하고 떠나버린다.

사람은 누구나 '생각하는 나' 와 '행동하는 나' 로 구성된다. 이 둘은 각기 다른 역할을 담당하지. 행동하는 나는 생각하는 나의 주문을 늘 그대로 실천한다. 문제는 생각하는 나다. 생각하는 나는 인내심이 없어서 행동하는 나에게 시간과 기회를 충분히 주지 않는 경우가 많거든.

너는 어떤지 한번 되돌아보렴. 잘할 수 있다는 생각으로 수십 가지 계획을 세워두지만 인내심이 부족해서 자신과 한 약속을 지키지 못하는 것은 아닌지 말이다.

자기 자신과 한 약속은 세상에서 가장 소중한 약속이다. 꼭 지켜야 하지. 자신과 한 작은 약속을 하나하나 성실하게 지켜가는 것. 바로 신이 세상에 숨겨놓은 성공의 비법이다.

성공 인생으로 이끄는
나의 '인생 사전'

"나의 인생 사전에 긍정적인 문장들을 하나씩 적어두고 틈틈이
읽다 보면, 어느새 그 문장들을 꼭 닮은 자신을 발견할 수 있다."

긍정적인 마음과 부정적인 마음

'인생 사전'이라는 말이 있다. 자기 머릿속에 늘 들어 있는 생
각, 자기 가슴속에 늘 머물러 있는 마음을 담아두는 사전이지. 여기
에 저장된 말들은 어떤 사건을 만나거나 어떤 판단을 내려야 할 때
자동판매기처럼 튀어나온다. 우리는 그 말대로 행동하지.

우리의 머리와 가슴속에는 많은 것들이 들고 난다. 희망, 절망,
기쁨, 실망, 만족, 걱정, 존경, 원망 같은 감정들이 들어오고 나가

기를 반복하지.

그런데 이중에서도 유독 오랫동안 자리잡고 나가지 않는 것들이 있다. 절망이나 실망, 걱정, 원망 같은 것들인데, 이것들이 자리잡지 못하도록 조심해야 한다. 이런 감정들은 거칠 뿐만 아니라 인생에 방해가 되거든.

반면에 희망, 기쁨, 만족, 존경과 같은 감정들은 오래 머물도록 해야 한다. 친절하고 마음씨 좋은 감정들은 인생을 따뜻하고 풍요롭게 하니까.

다행스러운 것은 어느 쪽 감정들을 선택할 것인가는 마음먹기에 달렸다는 사실이다.

미국 듀크 대학교(Duke University) 사회학과의 호넬 하트 (Hornell Hart) 교수는 자신의 논문에서 '자기 조절'이 성공적인 인생을 위한 비결이라고 주장했다. 사람은 다음의 두 가지 마음 상태를 가지면 성공을 향해서 간다는구나.

첫째, 몸과 마음을 편안하게 할 것.
둘째, 긍정적인 마음을 가지고 건설적인 행동을 하도록 자신에게 명령할 것.

정말 간단한 것 같지? 하지만 이것이야말로 성공적인 인생으로 이끄는 간단하면서도 확실한 비법이다. 부정적인 것을 버리고 긍정적인 것을 만들어내는 방법이기 때문이지.

'나의 인생 사전'을 적어보자

이제 '나의 인생 사전', 즉 나의 생각과 가슴속에 긍정적인 단어를 불러들이고 부정적인 단어는 모두 쫓아버려라. 인생 사전이 긍정적인 단어로 가득 찬 사람은 긍정적인 삶을 살고, 부정적인 단어로 가득 찬 사람은 부정적인 삶을 사는 법이거든.

수첩을 꺼내어 나의 인생 사전에 들어갈 말들을 하나씩 적어보렴. 인생 사전은 반드시 긍정적인 말들로 채워야 한다. 그렇다면 나의 인생 사전에는 어떤 말들이 들어 있어야 할까?

- 나는 할 수 있다.
- 나는 나 자신을 믿는다.
- 나는 최선을 다할 것이다.

- 실패는 나를 가로막을 수 없다.
- 나는 확신한다.

이런 말들은 위기에 닥쳤을 때 문제를 해결해주는 마법의 주문이다.

반면에 나의 인생 사전에 절대 써서는 안 되는 말들은 무엇이 있을까?

- 난 할 수 없어.

- 나는 못하는 것이 아니라 안 하는 것뿐이야.

- 나에게는 시간이 없어.

- 아마도 어려울 거야.

- 내가 어떻게 그렇게 어려운 일을…….

나의 인생 사전에 있는 문장들을 틈틈이 하나씩 읽다 보면, 어느 날 놀라운 경험을 할 거야. 어느새 인생 사전의 말들과 꼭 닮은 자신을 발견하는 그런 경험 말이다.

나의 가치는
나를 사랑하는
내 마음의 크기

> "자신에게 '사랑한다, 나 자신이여!' 라는 곱디고운 언어를 들려준다. 그리고 자기 자신과 깊은 로맨스에 빠져본다."

액자 속 나를 보며 사랑한다고 속삭여라

사람들에게는 대부분 나쁜 습관이 하나 있다. 자신에게 불친절하고 인색하며 지나치게 엄격하다는 것이지. 우리는 좀더 자신을 사랑하고 아낄 줄 알아야 한다.

미국 뉴에이지운동의 대표적인 여성 활동가 루이스 해이(Louise L. Hay)는 이렇게 말했지.

완전한 존재가 되기를 기다렸다가 나를 사랑하려 한다면

인생을 허비하고 말 뿐이다.

지금 이 순간 이곳에 있는 나는

완전한 존재다.

지금 이 순간만큼은 지금의 내 모습이 완벽하다.

이것으로 충분하다.

삶으로 충만한 존재인 지금

더 나은 것을 바라려고 굳이 바둥거릴 필요가 없다.

지금 해야 할 일은

어제의 나보다 오늘의 나를 좀더 사랑하는 것,

나 자신을 깊이 사랑받고 있는 존재로 대하는 것뿐.

유엔난민기구(UNHCR)에서 봉사 활동을 하며 만족스러운 삶을 사는 여성이 있다. 그녀는 대학생 때 겪었던 일이 자신의 삶을 크게 바꿔놓았다고 말했지.

뚜렷한 목표의식 없이 하루하루를 보내던 어느 날, 팬시용품점에서 예쁜 사진 액자를 하나 샀다는구나. 계산을 하려는데 카운터에 있는 직원이 활짝 웃으며 말했다.

"예쁜 액자를 고르셨군요. 이곳에 손님이 사랑하는 사람의 사진을 넣고 매일 '사랑합니다' 라는 말을 들려주면 그 사랑이 이루어질 거예요."

세상에서
가장 소중한 사랑 고백

처음에 남자친구 사진을 넣었는데 얼마 지나지 않아 싫증이 났다는구나. 그 다음에는 부모님 사진을 넣었지. 그렇게 계속 부모님 사진을 넣어두다 하루는 자신의 사진으로 바꿔보았단다. 그리고 자기 사진을 보며 장난삼아 하루에 한 번씩 "사랑합니다"라고 말했지. 그날 이후 그녀의 삶은 많이 달라졌다.

"액자 안에 내 사진을 넣어두고 보니 정말로 사랑해야 할 것은 나 자신이라는 생각이 들더군요. 늘 남만 신경 썼지 나에게는 도무지 관심을 두지 않았어요. 하지만 그때 깨달았죠. 나를 가장 아끼고 사랑해줄 사람은 바로 나라는 것을."

그 후 자신을 사랑하게 된 그녀는 자신이 가장 원하는 일을 찾아서 기아에 허덕이는 사람을 위해 살고 있다는 이야기다.

자기애는 선택이 아니라 필수다

자기애(自己愛)는 살아가는 데 선택이 아니라 필수 사항이다.

하지만 자기 자신을 사랑하는 것과 분명히 구별할 것이 하나 있어. 그것은 이기심이란다. 자기애는 자신을 아끼고 과소평가하지 않는 것이지만, 이기심은 자신만을 아껴서 다른 사람에게 피해를 주거나 누군가의 마음을 아프게 하는 것이다.

자신을 사랑한다는 것은 '내가 원하는 자신이 된다는 것' 이자 '다른 사람이 좋아할 수 있는 자신으로 가꾸어가는 것' 이지.

자신을 사랑하면서 주의할 점이 하나 더 있다. 바로 자신의 부족함을 탓하지 말아야 한다는 것이다. 자신의 부족함을 현미경으로 들여다보면서 다른 사람과 비교하거나, 다른 사람을 부러워하지 마라.

1970년 노벨 문학상을 수상한 러시아의 소설가 알렉산드르 솔제니친(Aleksandr Isayevich Solzhenitsyn)은 이런 글을 남겼다.

추위에 얼지 않고 갈증과 굶주림으로 고통받지 않는다면 그것으로 충분합니다. 만일 등이 굽지 않았고 두 발로 걸어 다닐 수 있다면, 두 팔을 사용할 수 있다면, 두 눈으로 볼 수 있다면, 두 귀로 들을 수 있다면 당신은 누구도 부럽지 않습니다. 왜 우리는 다른 것들을 부러워하면서 우리가 가진 것에 대해서는 소홀히 하는 것입니까? 눈을 바로 뜨고 마음을 비워보십시오. 그리고 당신을 사랑하십시오.

자신의 가치는 스스로 결정한 것, 자신이 원하는 것을 결코 뛰어넘을 수 없다. 무엇보다 중요한 것은 자신을 스스로 가치 있는 존재로 생각하는 일이지. 자신의 모습을, 자신의 현재를 찬찬히 들여다보렴. 자신에게 '사랑한다, 나 자신이여!' 라는 곱디고운 언어를 들려주렴. 그리고 자기 자신과 깊은 로맨스에 빠져보는 거야.

빛나는
미래를 위한 습관 들이기

"습관을 정복하는 길! 그것은 처음부터 좋은 습관을 들이는 것이다."

약이 되는 습관, 독이 되는 습관

지금부터 누군가가 너에게 자신을 소개할 것이다. 누구인지 한 번 맞혀보렴.

• 나는 너의 변함없는 친구다.
• 나는 너에게 가장 큰 힘이 되기도 하고, 가장 무거운 짐 이 되기도 한다.

- 나는 너를 저 위로 밀어올리기도 하고, 저 아래로 끌어내리기도 한다.

- 나는 너의 명령에 따라 행동한다. 네가 하는 일의 절반을 나에게 떠넘긴다면 나는 그 일을 빠르고 정확하게 해치울 수 있다.

- 나는 통제하기가 아주 쉽다. 그저 나를 단호하게 대하면 되기 때문이지.

- 나는 모든 위대한 사람의 충실한 하인이며, 그 사람을 더욱 위대하게 만들어준다.

- 나는 실패한 사람들과도 아주 친하다.

- 나는 인간의 지능을 가지고 기계처럼 정확하게 일하지만 기계는 아니다.

- 너는 나를 이용해 이익을 얻을 수도 있고, 망할 수도 있다. 하지만 네가 어떻게 되든 나는 전혀 상관없다.

- 네가 나를 길들이고, 훈련시키고, 단호하게 대하면 나는 너의 발밑에 세상의 성공을 가져다줄 거야. 그러나 네가 나를 너무 쉽게 대하면 나는 너를 파멸시킬 수도 있다.

자, 여기서 나는 누굴까? 나는 바로 '습관'이다.

습관은 무척 힘이 세지. 네 인생을 통째로 바꿀 만큼 어마어마한 힘이 있거든. 사람들은 종종 습관의 힘을 과소평가하는 실수를 저지르곤 한다. 서커스단의 코끼리가 습관의 힘에 희생당한 이야기를 해주고 싶구나.

당신을 묶고 있는 습관의 사슬

코끼리는 쇠사슬에 묶여 있었다. 그 쇠사슬은 말뚝에 연결되어 있지. 코끼리는 그 말뚝을 충분히 뽑아낼 수 있는데도 늘 그곳에 묶여 있단다. 왜 그럴까?

물론 코끼리가 어렸을 때는 묶여 있는 말뚝에서 탈출하는 것이 불가능했지만, 어른 코끼리가 되고 나면 그런 말뚝쯤 쉽게 뽑아버릴 수 있다. 그런데도 어른이 된 코끼리는 결코 말뚝에서 벗어날 수가 없는 거야. 어려서부터 '이 말뚝은 뽑을 수 없다'는 생각에 길들여졌기 때문이지.

좋은 습관은 성공을 위한 보증수표

습관은 코끼리를 말뚝에 묶어놓은 사슬처럼 무서운 거란다. 처음엔 작고 가벼운 사슬이지만, 우리가 그것을 발견하고 알아차렸을 때는 끊어버릴 수 없을 만큼 강해진 다음일 경우가 많다. 처음엔 거미줄처럼 약해서 언제든 없앨 수 있지만, 빨리 발견하지 못하면 어느새 강한 쇠사슬이 되어 손쓸 수 없는 거지. 습관을 정복하는 길은 처음부터 좋은 습관을 들이는 것이다.

점 A와 B가 있다고 하자. A에서 B로 선을 두 개 긋는데, 하나는 정확히 일치하게 긋고, 다른 하나는 1도 정도 기울여서 그으면 어떻게 될까. 처음에는 두 선 사이에 벌어진 틈이 눈에 보이지 않을 정도로 작지만, 계속 그어가다 보면 점점 더 벌어지는 걸 볼 수 있지. 나중에는 결코 만날 수 없을 만큼 벌어지고 만다.

습관도 이와 마찬가지란다. 어린 시절에는 습관을 고치기가 쉽지만 어른이 되고 나면 힘들어진다. 중학생인 네 나이는 습관을 하나씩 만들어가는 때다. 조금만 노력하면 얼마든지 좋은 습관을 들일 수 있지. 그렇기 때문에 네 나이를 '눈부신 나이'라고도 할 수 있다.

좋은 습관은 인생을 성공으로 이끌어주는 보증수표가 될 거야.

나는 나! 다른 사람과 비교하는 것을 거부한다

"자기 안에 있는 다이아몬드를 느끼지 못하고 남과 비교해서 생기는 슬픔, 그것은 사람이 겪는 슬픔 중에서 가장 쓸모없고 시간을 낭비하는 슬픔이다."

남의 것을 탐내지 않는 것이 행복의 시작

아버지와 쌍둥이 아들이 있었다. 어린이날, 아버지는 두 아들에게 근사한 선물을 사주겠다며 백화점으로 갔다.

쌍둥이 중에 첫째 아이가 말했다.

"아빠, 난 최신형 게임기를 살 거예요."

게임기는 평소 첫째 아이가 갖고 싶다고 노래 부르던 것이다.

쌍둥이 중에 둘째 아이가 말했다.

"아빠, 난 최신형 전자 로봇을 살 거예요."

전자 로봇은 둘째 아이가 어린이날이 되면 꼭 사달라고 벼르던 것이다.

게임기와 전자 로봇은 비쌌지만 아버지는 두 아들에게 원하는 장난감을 사주었지. 물론 아이들은 펄쩍펄쩍 뛰면서 기뻐했고. 아버지와 쌍둥이는 집에 가려고 차를 탔어. 그런데 아이들이 갑자기 시무룩한 거야. 아버지는 도무지 이해가 되지 않았지.

"너희가 그토록 갖고 싶어하던 장난감을 사주었는데 표정들이 왜 그러니?"

그러자 두 아이는 동시에 상대의 장난감을 가리키며 말했다.

"저 장난감이 더 좋아 보여요."

어떠니? 네게도 한번쯤 이런 경험이 있을 듯싶구나.

사람들에게는 나쁜 습관이 하나 있다. 언제나 자신이 가진 것보다 남이 가진 것이 좋아 보이고, 자신이 잘하는 것보다 남이 잘하는 것을 부러워하지. 심지어 자신이 가진 것이 더 좋고, 자신이 잘하는 것이 더 많은데도 마냥 남을 부러워하기도 한다.

정신분석가로 유명한 로렌스 굴드(Lawrence Gould)는 사람들이 행복하지 못한 이유를 다음과 같이 설명했다.

"질투심이 많은 사람은 인간이 행복해지는 조건에서 이탈한 사람이다. 질투란 자신이 가진 것에서 기쁨을 찾지 않고 다른 사람이 가진 어떤 것을 부러워하고 괴로워하는 기분이다. 진정으로 행복한 사람은 자신이 지배할 수 있는, 자기 소유권 안에 있는 것을 사랑할 수 있는 사람이다. 남이 가진 것을 탐내지 않는 것이 행복의 시작이다."

남과 비교하지 말고 자신과 비교하는 습관

자신이 사는 집이 파랑새가 숨어 있는 집인데도 저 먼 곳의 무지개를 찾아 헤매고, 자신이 가진 것이 다이아몬드인데도 알아보지 못하고 한낱 돌멩이를 찾아 헤매는 것이 못난 인간의 습성이다.

인류 역사상 처음으로 달에 발을 디딘 닐 암스트롱(Neil Alden Armstrong)도 이와 비슷한 경험을 했다고 한다. 달을 탐사하고 지구로 돌아온 암스트롱에게 기자들이 물었지.

　"달에 가서 가장 아름답게 느낀 것은 무엇입니까?"

　"달에 가서 보니 지구가 아름답다는 사실을 절실하게 느낄 수 있었습니다."

늘 그 안에 있기 때문에 느끼지 못했을 뿐, 우리가 사는 지구를 떠나서 보니 지구가 아름답다는 사실을 깨달은 것이지.

자기 안에 있는 다이아몬드를 느끼지 못하고 남과 비교해서 생겨나는 슬픔, 그것은 사람이 겪는 슬픔 중에서 가장 쓸모없고 시간을 낭비하는 슬픔이란다. 확대경을 들이대고 자신에게서는 좋지 않은 점을 보고, 남에게서는 좋은 점을 보려 하기 때문이지.

이제 남과 비교하지 말고 자기 자신과 비교하는 습관을 들여보렴. 내가 생각하는 나의 모습, 내가 기대하는 나의 모습, 다른 사람이 기대하는 나의 모습……. 그 모습에 맞게 살고 있는지, 노력을 게을리 하는 것은 아닌지 끊임없이 살펴봐야 한다. 그것이 자신의 발전을 위해 진정으로 필요한 일이거든.

네가 생각하고 원하는 네 모습과 현재 너의 모습. 그것을 비교할 때는 엄격하고 치밀하고 진지하게, 한 치의 오차도 없는 잣대를 적용해야 한다. 그런 습관이 네 앞을 가로막는 장애물을 가볍게 뛰어넘을 수 있게 해줄 것이다.

미완성이기에
아름다운 나

"미완성인 모습, 현재 진행형인 모습. 그것이 중학생 나이의
가장 큰 장점이자 매력이다."

현재는 선물이다

유명한 베스트셀러 작가가 있었다. 내는 책마다 베스트셀러가
되었고, 그는 신화가 되었지. 그런 그가 환갑을 맞이하여 기자회견
을 열었는데, 그때 한 기자가 물었다.

"선생님께서 쓰신 많은 작품 중에서 가장 소중하고 중요한 작
품을 하나만 들라면 어떤 작품을 꼽겠습니까?"

작가는 망설이지 않고 대답했다.

"나에게 가장 소중하고 중요한 작품은 지금 쓰고 있는 작품입니다. 과거에 어떤 책이 베스트셀러가 되었고, 앞으로 어떤 책이 베스트셀러가 될 것인지는 나의 관심사가 아닙니다. 지금, 현재라는 이 시간에 내 모든 것을 쏟아 부을 뿐이지요."

인생에는 과거, 현재, 미래라는 시간이 있지. 어떤 사람은 과거의 기억에 매달려 자신을 학대하고, 어떤 사람은 무엇 하나 확실하지 않고 본 적도 없는 미래를 걱정하여 자신에게 상처를 입히곤 한다. 둘 다 어리석은 사람이다. 과거는 지나가버렸기에 나와 상관없는 일이 되었고, 미래는 아직 오지도 않았기에 그걸 걱정할 이유가 없기 때문이지.

코카콜라의 CEO 더글러스 대프트(Douglus Daft)는 2000년 신년사에서 멋진 말을 남겼다.

"사람들은 자신이 지금 어디에 있는지, 어디를 향해 가는지도 모를 정도로 바쁘게 살아갑니다. 하지만 인생은 경주가 아니라 한 걸음 한 걸음 음미하는 여행입니다. 어제는 역사고, 내일은 미스터리며, 오늘은 선물입니다. 그렇기에 우리는 현재(present)를 선물(present)이라고 부르는 것입니다."

계속 만들어지는 '~ing 인생'

인생은 축구 경기와 같다. 축구 경기에서는 전반전에 한 골을 먹어도 그리 치명적이지 않다. 우리 팀이 1 대 0이나 2 대 0으로 지

고 있어도 "후반전에 역전하면 돼" 하고 계속 응원을 하잖니? 세 골 정도 뒤지는 상황에도 충분히 역전할 수 있다는 생각을 한다. 실망하지 않고 다시 힘을 내면 할 수 있기 때문이지. 하지만 후반전이 되고, 경기 종료 시간이 다가올수록 역전하기는 쉽지 않은 법이다.

너도 마찬가지다. 축구 경기로 치면 네 나이는 아직 전반전도 끝나지 않은 셈이기 때문에 조금 실수하거나 실패했다고 해서 그리 걱정하거나 절망할 일이 아니란다. 너에게는 아직 많은 시간이 남아 있기에 더 노력하고 땀 흘리면 충분히 역전할 수 있기 때문이지.

지금 너의 모습은 완성된 조각이 아니다. 너는 지금 더욱 아름다운 조각이 되기 위해 정성스럽게 다듬어지고 있다. 따라서 너의 인생은 지금부터 어떤 생각을 가지고 어떤 모습으로 다듬느냐에 따라 달라진다. 자신의 잠재력을 마냥 방치하지 않는 것이 중요하다.

미완성인 모습, 현재 진행형인 모습. 그것이 너의 가장 큰 장점이자 매력이다. 현재 진행형의 삶을 살고, 즐기고, 맛보고, 느끼고, 냄새 맡고, 귀담아들어보렴. 지금도 계속해서 만들어지는 '~ing 인생' 이라는 사실을 명심해야 한다.

박.성.철. 선.생.님.의. 책 이야기

책을 '인생의 축소판'이라고 하는 말을 들어보았을 거다. 책 속엔 다양한 사람들의 이야기가 담겨 있기 때문이지. 그래서 인생을 시작하는 너희에게 책은 다양한 경험을 미리 할 수 있게 해주는 스승과 같다. 인생에서 성공한 인물들도 어려서부터 늘 책을 가까이 하면서 자신의 꿈과 희망을 만들어갔다는 사실을 명심해야 한다. 좋은 책을 가까이 하는 습관을 들이기 바라는 마음에서 몇 권을 소개한다.

여기 소개하는 책들은 책으로따뜻한세상만드는교사들(www.readread.or.kr), 한우리독서문화운동본부(www.hanuribook.or.kr), 아침독서운동본부(www.morningreading.org)처럼 청소년에게 좋은 책을 소개하는 여러 단체들이 추천한 도서들 중에서 고른 것이란다. 이 단체들의 인터넷 홈페이지에는 청소년이 꼭 읽어야 할 책들을 소개하고 있으니 틈틈이 확인해서 '나만의 독서 계획'을 세워보렴.

◎

◎

나는 누구일까?
먼저 또래의 친구들 이야기부터 들어볼까? 사람은 누구나 처한 환경이 다르기 때문에 자기만의 생각과 고민을 안고 살아가지. 《아홉살 인생》(위기철 지음)은 '산동네'라 불리는 도시 빈민촌에서 어렵게 살아가지만, 따뜻한 마음으로 어른마저 감동시키는 여민이의 이야기를 그리고 있다. 아홉 살짜리에게 인생이란 말을 붙일 수 있을까? 나이를 한 살씩 더 먹을 때마다 이 책을 읽어보렴. 아마 그때마다 여민이의 말과 생각에서 너희가 느끼는 것도 달라질 거야.

프랑스에 알퐁스 도데의 《별》이 있다면 우리나라엔 황순원의 《소나기》가 있다. 두 작품 모두 어린 영혼의 순수하고 해맑은 사랑에 대한 이야기지. 읽고 나면 마음까지 깨끗해지는 기분을 느낄 수 있을 거야. 1년 동안 편지를 주고받으며 우정을 쌓아가던 두 10대 소녀의 가슴 아픈 이야기를 담은 소설 《나에게 보내는 편지》(존 마스든 지음)도 사춘기의 마음을 이해하는 데 도움이 되겠구나. 《Who am I? 나는 내가 만든다》(정창현 외 지음)는 학교 선생님들이 10대가 자아를 탐색해가는 과정을 오랫동안 연구해 만든 청소년의 자아 찾기 프로그램으로, 혼자 보기보다는 부모님이나 선생님과 함께 읽으면 좋겠다.

◎

◎

함께 사는 삶   세상에는 다양한 사람들이 자신의 색깔을 가지고 살아간다. 성격도 다르고 사고방식도 다르고 직업도 다른 사람들이 어울려 살기 위해서는 다른 사람을 이해하는 열린 마음이 필요하지. 《길에서 만난 세상》(박영희 · 오수연 · 전성태 지음, 김윤섭 사진)이나 《새벽을 여는 사람들》(김은성 · 노유미 지음, 김진석 사진)에서 다양한 사람들을 이해하는 눈을 기를 수 있을 거야.

사람은 사회적 동물이라고 하지? 사회에는 다양한 사람이 모여 사는 만큼 일정한 규칙이 있다. 그 규칙을 만들고 운영하는 것을 정치라고 하는데, 《청소년을 위한 정치 이야기》(도리스 슈뢰더-쾨프 외 엮음)는 정치를 이해하는 데 도움을 주는 책이다. 또 《아름다운 참여》(김원태 외 지음)는 어린 나이지만 우리가 이 사회에 참여할 수 있는 방법을 안내하는 '청소년을 위한 사회 참여 안내서'다. 두 권 모두 개인과 사회의 관계를 알기 쉽게 설명해주고 있지.

◎
◎

나의 가치를 업그레이드하자
공부가 즐겁다고 주장하는 책도 있다. 《공부의 즐거움》(김열규 외 지음)은 '공부 달인' 30명이 '나는 왜 공부를 하는가?'라는 물음에 자신의 진솔한 이야기를 풀어낸 책이다. 그 비결은? 공부를 일상적으로 즐기는 놀이처럼 하면 된다는구나. 《이타적 과학자》(프란츠 M. 부케티츠 지음)는 억누를 수 없는 지적 욕구와 더불어 책임감의 중요성도 강조한다. 공부는 나를 위한 것이기도 하지만 공동체를 위한 것이기도 하다. 평소에 장래희망이 무엇이냐는 질문을 많이 받지? 그럼 뭐라고 대답하니? 세상이 빠르게 변하는 만큼 직업도 다양해지고 있어. 《공상이상 직업의 세계》(김봉석 지음)는 21세기 들어 사람들의 관심을 모으는 영화, 방송, 만화, 애니메이션, 게임, 캐릭터 속의 직업을 소개한 책이다. 내게 맞는 직업은 무엇일까 고민해볼 수 있을 거야. 단, 돈을 많이 버는 것만으로 직업을 선택해서는 안 된다는 사실을 명심해야 한다. 돈은 어떻게 버는가보다 어떻게 쓰는가가 중요하지. 《세상을 바꾸는 돈의 사용법》(Think the Earth Project 엮음)을 읽어보면 단돈 1,000원으로 얼마나 값지고 큰 일을 할 수 있는지 깨달을 것이다.

◎
◎

작은 관심 큰 생각
갈수록 황사가 심해진다는 뉴스를 들은 적 있지? 황사는 중국 대륙의 사막에서 불어오는 모래바람으로, 우리나라에도 심각한 피해를 준다. 그래서 환경은 우리만 잘 지킨다고 되는 게 아니라 전 세계가 함께 지켜야 하지. 《사막에 숲이 있다》(이미애 지음)에서는 사막에 나무를 심어 숲을 만든 인위쩐의 이야기를 소개하고 있다. 영국에서 시작하여 유럽, 미국,

오스트레일리아를 거처 일본까지 계속된 환경운동 여행기 《토토로의 숲을 찾다》(요코가와 세쯔코 지음), 아프리카와 아메리카, 아시아, 유럽을 누비며 기록한 생태 여행기 《에코토이, 지구를 인터뷰하다》(리오넬 오귀스트 · 올리비에 프뤼쇼 · 토마 가이 지음)에서 환경을 생각하는 세계인의 마음을 읽어보기 바란다.

환경을 생각하는 마음은 작은 실천에서 시작할 수 있다. 《고릴라는 핸드폰을 미워해》(박경화 지음)를 보면 휴대전화, 세탁기, 냉장고, 나무젓가락, 화장지 등 우리가 일상생활에서 흔히 쓰는 물건들도 지구를 아프게 한다는구나. 하지만 걱정하지 마라. 이 책은 이 문제를 해결하기 위해 우리가 할 수 있는 작은 실천도 알려주니 말이다.

환경 문제는 지구와 인류를 천천히 아프게 하지만, 전쟁은 일시에 모든 것을 폐허로 만들어버리기 때문에 치명적이지. 결코 일어나서는 안 될 일이다. 《평화는 나의 여행》(임영신 지음)을 통해 전쟁이 이라크 사람들에게 어떤 고통을 주었는지, 평화를 위해 세계인은 어떤 노력을 하고 있는지 이해하기 바란다.

묘비명으로 미리 읽는 내 삶의 기록

●

실수와 실패를 딛고 성장하는 법

●

위대한 인물을 인생의 스승으로 모시기

●

끝까지 포기하지 않으면 반드시 성공한다

●

내 인생의 오디션에 참가하기

●

희망으로 호흡하고 세상을 바라보기

●

인생에는 공짜 티켓이 없다

●

성공은 하루아침에 이뤄지지 않는다

인생에서 배우기

他山之石
타 산 지 석

묘비명으로
미리 읽는 내 삶의 기록

"훗날 내가 세상과 작별을 고하고 다른 사람이 나의 묘비명을
봤을 때 가만히 고개를 끄덕일 수 있을까."

유명한 사람들은 어떤 묘비명을 남겼나

사람은 누구나 죽음을 맞는다. 죽고 나면 묘지에 묻히고 그 사
람이 살아온 여정을 기록한 묘비가 세워지지. 유명한 사람들은 어
떤 묘비명을 남겼는지 알아보자.

'철강왕' 앤드루 카네기(Andrew Carnegie)는 사업에 온 열정을
바친 자신의 인생을 회고하는 듯한 묘비명을 남겼다.

자신보다 현명한 사람들을

주위에 모으는 방법을 알던 사람,

여기에 잠들다.

근대인의 고뇌를 그린 장편 철학시 《오디세이아》, 소설 《그리
스인 조르바》로 유명한 니코스 카잔차키스(Nícos Kazantzakis)는
평소 자신의 생각과 사상을 잘 담아낸 묘비명을 남겼지.

나는 아무것도 바라지 않는다.

나는 아무것도 두려워하지 않는다.

나는 자유이므로.

인간의 존재와 고독을 평이하고 자연스런 시어로 표현한 조병
화 시인은 자신의 묘비명에 어머니에 대한 사랑을 담았다.

어머님 심부름으로 이 세상 나왔다가,

이제 어머님 심부름 다 마치고,

어머님께 돌아왔습니다.

프랑스의 가장 위대한 소설가로 칭송받는 스탕달(Stendhal)의 묘비명을 보면 작가답다는 생각이 절로 든다.

살았다. 썼다. 사랑했다.

독일의 대철학자이자 계몽주의 사상가 칸트(Immanuel Kant)의 묘비명은 윤리의식 강한 학자의 사상을 잘 나타낸다.

날이 갈수록 내게 더욱더 새로워지는 것은
밤하늘의 반짝이는 별과
내 마음속의 도덕률이다.

마지막으로 영국의 극작가이자 비평가, 소설가로 노벨 문학상을 받은 버나드 쇼(George Bernard Shaw)의 묘비명을 보자. 이 묘비명은 그의 무덤에 세워지진 않았지만 하트퍼드셔(Hertfordshire)의 시골집에서 숨을 거두기 전 그가 스스로 남긴 것이라는구나. 작품과 생활 속에서 늘 풍자적인 모습을 보여주던 그는 묘비명도 익살 그 자체다.

우물쭈물하다 내 이럴 줄 알았다.

재미있지 않니? 하지만 버나드 쇼의 이 묘비명은 우리 삶의 방

식을 다시 한 번 생각하게 해준다.

나는 어떤 묘비명을 남길까

한 청년이 스위스에서 무전여행을 하고 있었다. 어느 마을의 공동묘지를 지날 때였다. 한 무덤 앞에 세 문장으로 된 묘비명을 발견하고는 무심코 읽어 내려갔다.

'나도 예전에는 그대처럼 그 자리에 그렇게 서 있었소.'

청년은 이게 무슨 뜻인가 싶어 의아해하면서도 피식 웃음이 나왔다. 그런데 다음 문장을 보니 웃음이 멎었지.

'나도 전에는 그대처럼 그곳에서 그렇게 웃고 있었소.'

뭔가 이상한 생각이 든 청년은 조심스럽게 마지막 문장을 읽어보고 망치로 뒤통수를 맞은 것처럼 멍해졌다.

'그대도 삶을 낭비하고 있다면 나처럼 죽을 준비나 하시오.'

너는 묘비명에 어떤 글을 남기고 싶니? 아직 생각해본 적이 없다면 진지하게 고민해야 한다. 이제 너도 어떤 삶을 살고, 이 세상에 어떤 사람으로 기억될지 고민하고 결정해야 할 나이가 되었다는 말이지.

바람처럼 왔다가 연기처럼 사라지는 인생, 아무도 너의 이름을 기억해주지 않는 인생, 설령 누군가 너를 기억하더라도 네 이름을 들으면 이맛살부터 찡그린다면 얼마나 비참하겠니?

너의 장례식장에 서 있는 상상을 해보렴. 가장 비참하고 보잘것없는 묘비명은 이런 게 아닐까?

'그럭저럭 무의미하게 살아온 사람, ㅇㅇㅇ. 여기 잠들다.'

오늘 밤엔 일기장에 묘비명을 써보렴. 훗날 네가 세상과 작별을 고하고 다른 사람이 너의 묘비명을 봤을 때 가만히 고개가 *끄덕여* 질 묘비명을……

실수와
실패를 딛고
성장하는 법

> "실수와 실패! 과연 그것이 인생을 넘어뜨리는 방해꾼이기만 할
> 까? 사람은 실수를 통해 더 많은 것을 배우고, 실패를 통해 더
> 강해진다."

실수나 실패를 만회하는 3가지 방법

평범한 회사원 다나카 고이치(田中耕一)가 포스트 게놈(post
genome) 연구의 토대가 되는 생체고분자 해석 방법을 독자적으로
개발한 공로로 2002년 노벨 화학상을 수상했을 때 세계는 깜짝 놀
랐다. 하지만 그의 발견은 우연한 실수에서 나온 결과였다.

'물에 뜨는 비누'로 세계적인 명성을 떨치는 아이보리 비누는
한 직원의 실수 때문에 탄생했다고 한다. 솥에 비누를 끓이던 직원

이 점심식사를 하러 나가면서 깜박 잊고 불을 *끄*지 않아 비누 거품이 철철 넘친 바람에 못쓰게 되었지. 하지만 그 실수가 지금도 전 세계에서 날개 돋친 듯 팔려나가는 아이보리 비누를 만들었다.

찰스 굿이어(Charles Goodyear)는 천연고무에서 고무를 추출하여 상업적으로 이용하게 만든 사람이다. 천연고무에 황을 섞어서 실험하다가 실수로 고무 덩어리를 난로 위에 떨어뜨렸는데, 그때 고무의 성능을 획기적으로 높이는 방법을 발견했다. 굿이어 덕분에 자동차 타이어에서 구명보트, 장갑, 튜브, 벨트를 비롯해 각종 부속품에 이르기까지 고무가 사용되지 않는 분야가 없을 정도지.

자유롭게 붙였다 떼었다 할 수 있는 포스트잇을 발명한 사람은 미국 3M(Minnesota Mining and Manufacturing Company)의 아트 프레이(Art Frey)다. 접착제를 연구하던 그는 실수로 재료를 잘못 섞는 바람에 접착력이 약한 풀을 만들고 말았지. 하지만 그 덕에 어디든 잘 붙으면서도 흔적 없이 뗄 수 있는 포스트잇이 탄생했다.

이 사람들의 공통점은 실수나 실패를 했을 때 좌절하지 않았다는 거야. 실수나 실패를 만회하려면 다음 세 가지를 명심해야 한다.

첫째, 실수나 실패를 인정할 것.

둘째, 실수나 실패를 통해 배울 것.

셋째, 실수나 실패를 반복하지 말 것.

실수나 실패를 했다고 고개를 숙이거나 한숨만 쉬고 있으면 안 된다. 실수나 실패는 오히려 훗날 인생의 가장 커다란 재산이 될 수도 있거든.

인생이란 도전하고 쓰러져도 다시 일어서는 여정

인생에는 한 번 시도해서 거둘 수 있는 성공이란 없다. 도전하고 실패하고, 다시 일어서고 쓰러지고, 그러면서 또다시 일어서야 하는 것이 인생이지.

1988년 서울올림픽 때 미국의 그레그 루가니스(Greg Louganis)라는 선수가 자신의 차례가 되어 준비하고 있었다. 그는 1984년 로스앤젤레스 올림픽 2관왕, 1986년 세계선수권대회 2관왕에 빛나는 세계 최고의 다이빙 선수였지.

그런 그에게도 커다란 실패가 기다리고 있었다. 스프링보드다이빙 예선 9라운드에서 두 바퀴 반 공중회전 묘기를 펼치다가 스프링보드에 머리를 부딪히고 만 거야. 머리에서는 피가 흘러내렸고, 바로 치료를 받아야 했다.

다이빙 선수가 스프링보드에 머리를 부딪힌다는 것은 있을 수 없는 실수다. 그는 아픈 것은 둘째치고 부끄러움에 고개를 들 수 없었다는구나.

대회 규정상 약물 사용을 금지했기 때문에 그는 마취제나 진통제 없이 머리를 다섯 바늘이나 꿰맸다. 통증을 참으면서 계속 대회에 참가한 그는 호흡을 가다듬고 스프링보드 위에서 주특기인 '앞으로 서서 뒤로 세 바퀴 반 돌기'를 시도했다. 결과는? 그날 경기 중 가장 높은 86.70점을 받았다. 2위와 1.14점 차이로 짜릿한 역전승을 거두고 금메달을 목에 걸었지. 훗날 그는 이런 말을 했다.

"수백만 명이 지켜보는 가운데 다이빙 경기를 치릅니다. 그러면 심판들은 완벽하다는 평과 함께 10점 만점을 줍니다. 하지만 한 번 만점을 받기 위해서는 실수와 시행착오를 수천 번 거듭하는 연습 과정이 필요하다는 사실을 아는 사람은 없습니다."

단 한 번의 실수나 실패도 없이 탄탄대로를 걸어가는 사람이 과연 얼마나 될까? 실수와 실패! 과연 그것이 인생을 넘어뜨리는 방해꾼이기만 할까? 우리는 실수를 통해 더 많은 것을 배우고, 실패를 통해 더 강해진다. 인생에서 가장 소중하게 배워야 할 것은 교과서에 있는 수학 공식이 아니라, 경험을 통해 '실수＋실패＝절망'이라는 공식을 무너뜨리는 것이다.

훌륭한 기업인이 된 어떤 사람이 처음 대학 입시에 실패하고 재수하던 시절이 자신의 인생에서 가장 소중했다고 회고하면서 재미있는 말을 했다.

"재수(再修, 특히 입학시험에 낙방한 뒤에 다음 시험에 대비하여 공부하는 것) 시절은 제 인생에서 최고의 재수(財數, 재물이 생기거나 좋은 일이 있을 운수) 시절이었다."

그래, 실수와 실패는 인생에 커다란 행운을 불러다줄 재수라고 여기면서 언제나 그것을 이겨내는 네가 되렴.

위대한 인물을
인생의 스승으로 모시기

"존경하는 사람과 상상 속 대화를 하다 보면 그들에게서 많은 것을 배우고, 그들의 생각과 행동 방식이 어느 순간 나의 인생에 영향을 미치고 있다는 사실을 깨닫는다."

내 인생의 역할 모델 정하기

너는 인생의 역할 모델(role model)을 정해두었는지 궁금하구나. 역할 모델이란 자신이 닮고 싶은 인물상을 의미한다. 사람은 누구나 자신이 존경하는 인물, 닮고 싶은 인물이 있게 마련이지. 그 사람을 역할 모델로 삼고 그 사람처럼 행동하고 생각하다 보면 자신도 모르는 사이에 그 사람을 닮아가는 법이거든.

기업가를 꿈꾼다면 훌륭한 기업가를, 연예인을 꿈꾼다면 뛰어난 연예인을, 학자가 꿈이라면 위대한 학자를 역할 모델로 삼을 수 있을 거야. 여기서 명심할 게 있다. 역할 모델이란 단순히 어떤 사람을 존경하는 것과는 다르다. 진정한 역할 모델이란 그 사람의 삶을 나의 삶으로 끌어들이는 것을 말한다. 여기 좋은 예가 하나 있다.

일간 〈워싱턴 포스트(The Washington Post)〉의 편집부국장 밥 우드워드(Bob Woodward)는 미국에서 유명한 언론인 가운데 한 사람이다. 닉슨(Richard Milhous Nixon) 대통령의 사임을 초래한 워터게이트 사건(Watergate Case, 1972년 6월 닉슨 대통령 측근이 닉슨의 재선을 위해 워싱턴 워터게이트 빌딩에 있던 민주당 본부에 침입하여 도청 장치를 설치하려던 사건)을 특종 보도해서 퓰리처상(Pulitzer Prize)을 받기도 했지.

우드워드가 1996년에 아주 흥미로운 보고서를 발표했다. '미국의 정신적 국보'로 불리는 인류학자 진 휴스턴(Jean Houston)이 고안한 '상상 속의 인물과 대화하기'에 관한 것이었다.

당시 영부인 힐러리 클린턴(Hillary Rodham Clinton)은 남편인 빌 클린턴(Bill Clinton) 대통령의 섹스 스캔들 때문에 고민이 많았다. 어떻게 해야 할지 고민하다가 진 휴스턴에게 도움을 청했더니, 역대 영부인 중에서 가장 뛰어나다는 평가를 받는 프랭클린 루스벨트(Franklin Delano Roosevelt) 대통령의 영부인 엘리너 루스벨트(Eleanor Roosevelt)와 상상으로 대화하는 법을 가르쳐주었다는 구나.

방법은 아주 간단하다. 힐러리가 머릿속으로 도움을 받고 싶은 질문을 하면 그녀의 머릿속에 엘리너가 나타나 답을 해주는 식이지. 힐러리는 이런 식으로 많은 조언을 얻고 힘을 냈다고 한다.

존경하는 사람과 상상 속으로 대화하기

너에게도 존경하고 닮고 싶은 인물이 있을 거야. 어떤 일이 궁금하거나 조언을 받고 싶을 때는 존경하는 사람과 상상의 대화를 나눠보렴.

먼저 조용히 눈을 감고 머릿속에 존경하는 인물을 떠올리는 거야. 눈을 감기 전에 그 인물의 사진이나 그림을 1분 정도 뚫어지게 바라보면 더 잘 떠오르겠구나. 그다음에는 그 인물에게 궁금한 점,

조언을 얻고 싶은 점을 머릿속으로 질문해보렴. 마지막으로 네가 존경하는 인물이라면 그 질문에 어떤 대답을 할지 상상하면서 네게 들려주듯이 스스로 대답을 하면 된다.

이렇게 존경하는 인물과 상상의 대화를 해보면 네 삶에 의문점으로 남아 있던 질문들에 대한 답이 구름 걷히듯 드러나는 놀라운 경험을 할 수 있을 거야. 한 인물이 아니라 여러 인물을 한꺼번에 불러내도 좋다. 그런 경우에는 둥근 탁자가 있는 회의장에서 존경

네가 가고자 하는 길을
미리 걸었던 사람,
그 스승을 찾아라

하는 인물들이 회의하는 모습을 상상해보면 어떨까? 물론 너는 그 회의를 주도하는 사회자가 되어 즐거운 대화를 이끌어야지. 비록 상상 속의 대화지만 존경하는 인물들과 회의하다 보면 그들에게서 많은 것을 배우고, 그들의 생각과 행동 방식이 어느 순간 네 인생에 영향을 미치고 있다는 사실을 깨달을 것이다.

멋지지 않니? 네가 세상의 존경을 한 몸에 받는 인물들과 이야기하고, 그들과 동등한 위치에 선다는 사실이!

흥분되지 않니? 이런 경험으로 인해 네가 훗날 위대한 인물이 되고, 누군가 너를 역할 모델로 삼을지도 모른다는 사실이!

끝까지
포기하지 않으면
반드시 성공한다

전구를 발명하기 위해 9,999번이나 실험에 실패한 에디슨이 말했다. "나는 지금까지 전구를 만들 수 없는 9,999가지 이치를 깨달은 거네."

포기한 사람은 아무도 기억해주지 않는다

유명한 성공학 강사가 있었다. 그의 강의는 사람들이 먼 데서도 들으러 올 만큼 훌륭했지. 그는 항상 강의를 시작하기 전에 이런 질문을 했다는구나.

"여러분은 빌 게이츠를 아십니까?"

사람들의 대답은 한결같았지.

"네, 당연하지요. 빌 게이츠를 모르는 사람이 어디 있습니까?"

"그러면 여러분은 마이클 조던(Michael Jordan)을 아십니까?"

그때쯤이면 사람들은 무슨 저런 질문을 하냐는 듯 심드렁하게 대답하지.

"에이, 강사님도 참. 마이클 조던은 가장 뛰어난 농구선수 아닙니까?"

"마지막으로 하나만 더 묻겠습니다. 여러분은 키네프라는 사람을 아십니까?"

사람들은 비로소 고개를 갸우뚱한다.

"키네프에 대해서 아시는 분, 손 들어보세요."

사람들은 서로 쳐다보며 키네프가 대체 누구냐는 표정을 짓게 마련이지.

"여러분이 키네프를 모르는 것은 당연합니다. 그는 포기해버린 사람이기 때문이죠. 명심하십시오, 무엇을 하다가 포기해버리면 아무도 기억해주지 않는다는 사실을."

너는 아직 어리기 때문에 실패를 많이 겪지 않았다고 생각할 수도 있겠구나. 하지만 시험을 잘 보지 못했거나, 체육대회 때 반 대표로 뽑히지 못했거나, 글짓기 대회에서 상을 받지 못한 일은 엄밀히 말해서 '실패'를 경험한 것일 수도 있다. 이런 때 너는 어떤 생각이 들었니?

'나는 무엇을 해도 안 되는 아이야! 나는 잘하는 것이 없어.'

이런 생각을 해본 적이 있니?

지금 네 나이에 실패는 중요하지 않다. 한 번 실패했다고 모든 것을 포기하고, 그 실패를 통해 배우려 하지 않는 것이 문제지.

미국의 메릴랜드 대학교(University of Maryland) 공공정책대학원 교수이자 시민사회운동가 벤저민 바버(Benjamin Barber) 교수가 말했다.

"나는 사람들을 강자와 약자, 성공한 사람과 실패한 사람으로 나누지 않는다. 배우는 사람과 배우지 않는 사람으로 나눈다. 세상에는 주변에서 일어나는 모든 일을 하나하나 살피며 관찰하고 겸허한 자세로 받아들이는 사람들이 있다. 이들은 한 번 저지른 실패는 여간해서 반복하지 않는다. 조금이라도 의미 있는 일을 했을 때 다음에는 더 잘하려고 한다. 중요한 것은 '성공했느냐 실패했느냐'가 아니라 '배우는 사람이냐 배우지 않는 사람이냐'다."

인생이란 학교에서 가장 중요한 과목은 '실패'

성공한 모든 사람은 실패로 인해 포기하지 않은 사람이다.

성공한 모든 사람은 실패를 통해 무언가 배운 사람이다.

인생이란 학교에서 가장 중요한 과목은 바로 '실패' 다. 실패를 통해 배울 점이 너무나 많기 때문이지.

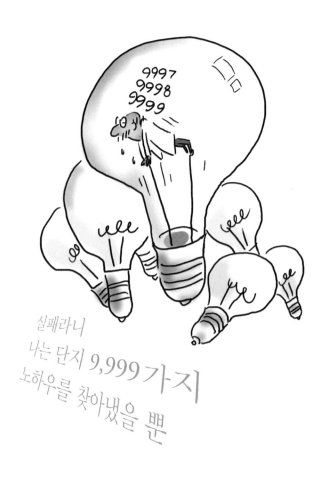

영국의 전 수상 처칠(Winston Leonard Spencer Churchill)은 한 대학의 졸업식에서 축사를 단 세 마디만 하고 내려온 적이 있다.

"Give up. never. never."

실패는 결코 너를 무릎 꿇게 하려고 존재하는 것이 아니다.

실패는 너에게 더 많은 가르침을 주기 위해 존재하는 것이다.

에디슨이 전구를 발명하기 위해 9,999번이나 실패하고도 다시 실험에 나서자 친구가 물었다.

"전구를 발명하기 위해 1만 번째 실패를 되풀이할 생각인가? 지금까지 한 실험들은 모두 헛된 일이 아니었나?"

이 질문에 에디슨은 웃으며 말했다.

"아니, 나는 지금까지 전구를 만들 수 없는 9,999가지 이치를 깨달은 거네."

절대 포기하지 마라. 에디슨처럼 실패를 통해 뭔가 배우는 네가 되렴.

내 인생의
오디션에 참가하기

"나만의 오디션에 도전해서 실패하고 배우고, 다시 도전하고…… 그리고 성공하기."

인생을 뒤바꿀 '나만의 오디션'

오디션은 가수나 배우를 뽑기 위해 보는 일종의 채용 시험이다. 예비 가수와 배우들은 오디션에 참가해서 평소에 갈고 닦은 실력을 최대한 발휘하지. 이들에게는 오디션이 인생을 완전히 뒤바꿀 만큼 중요하기 때문에 오디션이 있는 날까지 최상의 컨디션을 유지하기 위해 노력한다. 막상 당일이 되어 자신의 기량을 다 보여주지 못하면 그동안 노력해온 시간들이 수포로 돌아가겠지?

너도 가끔 그런 순간을 상상해보렴. 네가 현재 관심을 갖고 노력하는 것을 위해 '너만의 오디션'을 해보는 거지.

그림을 그린다면 아무 생각 없이 그릴 것이 아니라 '이 그림 하나로 내 운명이 결정되는 중요한 오디션 현장에 와 있다'는 생각으로 그려보렴. 시험을 앞두고 문제집을 풀고 있다면 '이 문제집을 푸는 것은 내가 갈 대학을 결정하는 중요한 오디션이야'라고 생각하고 풀어보는 거야.

무슨 일을 하든 이런 방식을 이용하면 집중력을 향상시키는 데 놀라운 효과가 있다. 혹시 예상보다 결과가 좋지 않게 나왔다고 해도 실망할 필요는 없어.

지금은 최고의 스타가 되었지만 오디션에서 수없이 실패한 사람들이 많다.

세계적인 스타로 발돋움한 가수 비는 오디션에서 열두 번이나 떨어졌다. 여성 그룹 쥬얼리의 리더이자 배우, DJ로 활약하는 박정아는 60kg에 육박하는 체중 때문에 오디션에서 미역국을 먹었지. 팝의 디바 브리트니 스피어스(Britney Spears) 역시 여덟 살 어린 나이에 원대한 꿈을 품고 오디션에 참가했다가 보기 좋게 탈락했다.

인생의 오디션에서 성공하기 위한 '절대 규칙'

그런데 이들은 어떻게 지금 최고의 스타가 되었을까? 바로 인생의 규칙을 잘 지켰기 때문이다. 인생의 규칙은 두 가지다.

첫째, 절대 포기하지 않는다.

둘째, 첫째 규칙을 절대 잊지 않는다.

대스타들도 리허설에서 수없이 탈락하는 아픔을 겪은 뒤 지금의 자리에 오를 수 있었다는 사실을 명심해야 한다. 중요한 것은 오디션에서 떨어지고, 부족한 점을 다시 연습하고, 다시 오디션에 떨어지고, 또 부족한 점을 연습하면서 그들의 노래와 춤은 점점 더 발전했다는 사실이야.

무슨 일을 할 때 나만의 오디션을 본다고 상상하면서 진지하고 치열하게 해보렴. 때론 멋지게 성공한 기업가를 주인공으로 뽑는 오디션을 상상해보고, 때론 실패했을 때 절망하지 않고 의지를 다지며 다시 도전하는 역할을 뽑는 오디션을 상상해보는 거야.

나만의 오디션에 참가할 때는 '대충대충', '그럭저럭' 하는 자세는 절대 금물이지. 삶의 어떤 장면에서도 그런 자세로 얻을 수 있는 것은 없다. 세상의 챔피언이 되는 것도 중요하지만, 그보다 먼저 자기 인생의 챔피언이 되어야 하거든.

나만의 오디션에 도전해서 실패하고 배우고, 다시 도전하고…… 그리고 성공하기.

이런 과정을 겪어가는 네가 되기 바란다. 그러다 보면 너는 결국 '세상의 챔피언'이라는 블록버스터(blockbuster)에 주인공으로 우뚝 설 테니까.

희망으로
호흡하고
세상을 바라보기

단테는 《신곡》에서 지옥의 입구에는 이런 글이 새겨져 있다고
했다. '여기 들어오는 자는 모든 희망을 버려라.'

희망이라는 이름의 인생 지도

영국에 '구르카 사단'이라는 특수 부대가 있다. 세계에서 가장
용감하고 전투력이 뛰어나다는 평가를 받는 부대로, 구르카라는
이름은 네팔의 '구르카족(Gurkhas)'에서 유래했다는구나.

제2차 세계대전 당시 구르카 사단이 치열한 전투를 벌이는 동
안, 한 병사가 실종되고 말았다. 동료들은 그가 까마득한 숲속에서
길을 잃었다고 믿었다. 그런데 넉 달 뒤 놀라운 일이 벌어졌다. 그

가 무려 2,200km를 걸어서 부대로 돌아온 거야.

"이건 정말 기적이야. 어떻게 그 먼 길을 찾아올 수 있었지?"

동료들은 그를 얼싸안으며 물었다.

그는 아무 말 없이 지도 한 장을 내밀었다. 그 지도를 본 다른 병사들은 깜짝 놀랐다. 그 지도는 전투가 벌어졌던 정글의 지도가 아니라 런던 시내의 관광안내도였기 때문이지.

"아니, 이 지도를 보고 여기까지 찾아올 수 있었단 말인가?"

그러자 그 병사는 말했다.

"나는 정글에서 수많은 고생을 했고, 도저히 길을 찾을 수가 없었어. 하지만 이 지도를 보면서 늘 희망을 꿈꾸었지. 꼭 이곳에서 살아 나가서 런던 시내를 마음껏 돌아다니리라 하고 말야. 그래서 나는 이 지도의 이름을 '희망'이라고 붙였어."

동료들은 그제야 그가 정글에서 살아남은 이유를 이해하고 고개를 끄덕였다.

인생이라는 대학의 박사 과정에서 '희망'은 아주 중요한 과목이다. 이 과목을 이수해야 비로소 인생이라는 대학의 박사 과정을 통과할 수 있기 때문이다. '절망'이나 '좌절'이라는 과목에 몰입

하는 사람은 결코 '인생 박사' 과정을 통과할 수 없다.

현대 성공운동의 창시자이자 기업가, 복음전도사인 오리슨 스웨트 마덴(Orison Swett Marden)은 희망에 대해 이렇게 말했지.

"세상에 희망만한 명약은 없다. 내일은 더 나아질 것이라는 기대보다 약효가 강한 자극제나 강장제는 없다."

인간은 무려 40일간 먹지 않고도 살 수 있다. 사흘 정도는 물을 마시지 않고도 살 수 있지. 심지어 8분 동안 숨을 쉬지 않아도 살 수 있단다. 하지만 희망이 없으면 단 1초도 살 수 없는 존재가 바로 인간이다.

희망은 행복을 위한 최고의 보약

'판도라(Pandora)의 상자'라는 말을 들어본 적이 있지? 판도라의 상자에 얽힌 신화를 보면 사람들이 희망을 가지고 살아야 하는 이유를 알 수 있다.

판도라는 인간에게 주려고 상자 하나를 가지고 지상으로 내려왔는데, 그만 실수로 그 상자를 떨어뜨렸다. 그래서 그 상자 안에 있던 싸움, 시기, 질투, 분노 같은 것들이 밖으로 나와서 돌아다니게 되었지.

희망 곱빼기 시키셨죠?

그 사실을 안 제우스(Zeus)는 화가 나서 판도라에게 뚜껑을 닫으라고 말했다. 곧 뚜껑은 닫혔지만 그 안에 유일하게 남아 있는 것이 하나 있었다. 지상의 인간들은 그 상자에 무엇이 있는지 기웃거리기 시작했다. 그곳에 남아 있던 것이 바로 '희망'이다.

싸우고 질투하고 분노하면서도 인간이 살아가는 이유는 판도라의 상자에 아직 희망이 남아 있기 때문이다.

때로는 슬픈 기억이나 실패한 기억 때문에 절망의 상황에 직면하기도 하겠지. 그럴 때 너 자신에게 희망의 주사를 한 대 놓아주렴.

희망 없이 사는 것이 얼마나 무의미하고 가치 없으며 지옥 같은 삶인지 너는 모를 거야. 단테(Alighieri Dante)는 《신곡(神曲)》에서 지옥의 입구에는 이런 글이 새겨져 있다고 했을 정도다.

'여기 들어오는 자는 모든 희망을 버려라.'

희망을 가슴에 품고 희망으로 호흡하고 세상을 바라보렴. 그런 자세는 너에게 하루하루가 모두 생일잔치인 것처럼 즐겁고 행복한 날을 약속하는 최고의 보약이 될 거야.

인생에는
공짜 티켓이 없다

"의지와 노력이 내 삶의 동반자가 된다면 그것으로 인해 나의
인생은 최상의 결과를 낳는 법이다."

내 속에는 '의지'와 '게으름'이란 친구가 있다

유명한 바이올리니스트가 있었다. 사람들은 그의 섬세한 연주
에 환호를 보냈지. 한번은 연주회가 끝나고 사인회가 열렸는데, 한
학생이 말했다.

"선생님, 정말 존경해요. 선생님처럼 바이올린을 켤 수 있다면
무슨 일이든 다 할 거예요."

바이올리니스트는 미소를 지으며 말했다.

"아니, 그러지 않을 것 같은데!"

학생은 발끈하며 말했지.

"무슨 말씀이세요? 틀림없이 무슨 일이든 다 할 수 있어요."

바이올리니스트는 고개를 가로저으며 낮은 목소리로 말했다.

"모든 사람이 나처럼 바이올린을 켤 수 있기를 바란다. 하지만 나처럼 30년 동안 매일 10시간 이상 즐거운 마음으로 연습하는 것은 아무도 원하지 않더구나."

우리는 모두 알라딘의 요술 램프를 가지고 있는 사람들이다. 요술 램프 속의 거인은 충실한 하인이지.

"주인님, 말씀하시는 것은 무엇이든 들어드립니다."

거인의 말에도 불구하고 우리가 원하는 것을 갖지 못하는 이유는 무엇일까? 그것은 요술 램프를 문질러서 거인을 불러내려는 노력조차 하지 않고 모든 것을 공짜로 얻고 싶어하기 때문이다.

우리의 가슴속에선 늘 두 친구가 싸우고 있다. 한 친구의 이름은 '의지'고, 다른 친구의 이름은 '게으름'이지. 두 친구는 항상 싸우면서 너를 자신의 편으로 만들려고 한다. 성공한 사람의 자서전에 보면 하나같이 둘 중에서 의지가 이겼다는 이야기가 나온다. 물

론 세상에 자신의 이름을 남기지 못하고 인생에 실패한 사람의 이
야기에는 늘 게으름이 이겼겠지.

샘 E. 로버츠의 이야기는 사람의 의지가 얼마나 강한지 잘 보여
준다.

"사람이 한번 굳게 결심하면 아무도 그를 막을 수 없다. 그
런 사람을 불구자로 만들면 위대한 시인이자 소설가 월터
스콧(Walter Scott)이 된다. 감옥에 가두면 영국의 대소설

가 존 버니언(John Bunyan)이 된다. 눈 속에 파묻으면 미국의 초대 대통령 조지 워싱턴(George Washington)이 되고, 가난한 가정에서 태어나게 하면 노예 해방을 부르짖은 에이브러햄 링컨(Abraham Lincoln)이 된다. 기관차 차고의 정비소에 데려다놓으면 크라이슬러 자동차회사를 세운 월터 크라이슬러(Walter P. Chrysler)가 된다. 남아메리카 무명 오케스트라의 제2바이올린 주자로 만들면 명지휘자 아르투로 토스카니니(Arturo Toscanini)가 되는 것이다."

의지는 미래를 건강하게 만들어주는 보약이다

의지는 모든 것을 이겨낼 수 있는 힘이 있다. 의지는 어렵고 힘든 순간일수록 더욱 힘을 발휘한다. 그 대신 우리에게 약간의 인내심과 노력과 힘겨움을 요구한다. 사람들이 의지와 친해지기를 꺼리는 것도 이 때문이지.

하지만 의지는 보약과 같은 존재다. 당장은 쓰지만 먼 훗날 나의 인생을 건강하게 만들어주는 보약. 의지는 보약과 닮은꼴이다.

우리는 미래에 어떤 결과가 올지 알 수 없다. 하지만 인생에는 의지와 노력이라는 확실한 해답이 있다. 의지와 노력이 네 삶의 동반자가 된다면 그것으로 인해 네 인생은 최상의 결과를 낳을 거야.

선택은 다른 사람이 아닌 너의 몫이다. 조금은 힘겹고 불가능해 보이는 일이라도 가슴에서 의지라는 친구를 선택하길…… 그래서 너의 앞길이 무지갯빛으로 가득 차기를!

성공은
하루아침에
이뤄지지 않는다

> " '1만 시간' 이라 하면 엄청나게 긴 시간처럼 느껴진다. 하지만 한 분야에서 성공을 거두려면 1만 시간 정도 투자하는 노력은 해야 하지 않을까?"

성공은 동전만 넣으면 나오는
자동판매기가 아니다

"트로이(Troy)라는 도시가 정말 고대 그리스 시대에 있었단 말이에요?"

"그럼, 지금은 땅속에 묻혔지만 말이야."

독일 메클렌부르크(Mecklenburg)의 작은 마을에서 가난한 목사와 그의 일곱 살 난 아들이 나누는 대화는 호메로스(Homeros)의

118

서사시《일리아드(Iliad)》에 나오는 트로이에 관한 이야기다. 트로이는 찬란한 고대 문명이 살아 숨쉬는 고대 도시의 이름이지. 이렇게 아들은 아버지에게서《일리아드》에 나오는 영웅 이야기를 자주 들었다.

트로이라는 도시가 지금은 땅에 묻혔다는 이야기를 들은 소년은 그 전설의 도시에서 수많은 유적을 발굴하겠다는 꿈을 키워갔다. 하지만 소년의 부모님은 일찍 돌아가셨고, 가정 형편이 좋지 않았던 소년은 열네 살에 학교를 그만두고 식품점에서 일했지. 일을 하는 동안에도 소년은 자신의 꿈을 키워갔다.

'트로이 유적을 발굴하기 위해서는 많은 돈이 필요해. 그리고 그리스어, 영어, 프랑스어 등 외국어를 많이 알아야 유적을 발굴할 수 있어.'

소년은 악착같이 돈을 모으기 시작했고, 조그만 다락방에서 세계 각국의 언어들을 익혔지. 어른이 된 소년은 그렇게 모은 돈으로 사업을 시작해서 큰 부자가 되었고, 아홉 개 언어를 능통하게 할 수 있을 정도로 실력을 쌓았다.

마흔여섯 살이 되던 1868년, 백만장자가 된 그는 드디어 트로이를 찾아 나섰다. 그동안 번 돈을 트로이 유적 발굴에 쏟아 붓는다고 하자 사람들은 말했지.

"전설만을 믿고 평생 모은 돈을 털어 넣는 바보가 어디 있어?"

하지만 사람들의 비난도 그가 어린 시절부터 품어온 꿈을 꺾지는 못했다. 3년 동안 유적을 발굴한 그는 결국 트로이가 실제 존재한 역사라는 사실을 증명했을 뿐만 아니라, 트로이 유적 밑에 잠들어 있던 미케네(Mycenae) 문명의 도시까지 찾아냈다.

어른이 되면 불타버린 도시 트로이와 그곳의 유물을 찾겠다던 꿈이 39년 만에 이뤄진 거지. 그가 바로 하인리히 슐리만(Heinrich Schliemann)이다.

사람은 누구나 '마음의 일기장'을 가지고 있다. 마음의 일기장에는 하고 싶은 일, 휘파람이 절로 나는 기쁜 감정이나 눈물이 날 만큼 힘겨운 절망의 감정처럼 우리가 흔히 생각하고 떠올리는 모든 것이 기록된다.

우리는 새로운 마음으로 어떤 일에 도전하려고 할 때 마음의 일기장에 이렇게 쓴다.

'좋아, 해보자. 나는 충분히 할 수 있어.'

그러나 다음날에는 또 이렇게 쓰지.

'에이, 생각보다 어려운 걸. 포기할까?'

급기야 그 다음날에는 이렇게 써버리고 만다.

'안 되겠어. 역시 그만둬야겠어.'

너도 마음의 일기장에 이런 글을 써본 경험이 있을 거야.

성공은 눈뜬장님이 아닐뿐더러, 동전만 넣으면 나오는 자동판매기도 아니다. 조금 노력해보다가 안 되면 포기하고, 하루에도 몇 번씩 갈팡질팡하는 자세로는 어떤 성공도 거둘 수 없다.

1만 시간을 노력하면 무슨 일이든 이루어진다

한 설문조사에서 '지난 1,000년간 가장 위대한 경제인'을 꼽으라는 질문에 수많은 일본인들이 기업인 마쓰시타 고노스케(松下幸之助)를 선택했다. 그는 하루아침에 이루어지는 성공은 없다면서 이런 말을 했지.

"'1만 시간'을 항상 가슴속에 새겨두어라. 1만 시간이라면 왠지 멀다고 느껴질 것이다. 하지만 1만 시간이라면 무엇이든 해낼 수 있다. 예를 들어 소 한 마리를 한 번에 먹는 것은 불가능하지만 스테이크 한 접시를 매일 먹는다면 소 한 마리쯤은 거뜬히 먹을 수 있다."

긴나긴 인생 마라톤
렌도 투자 못 하면
아무짓도 할 수 없어

1만 시간. 엄청나게 긴 시간처럼 느껴지지 않니? 하지만 한 분야에서 성공을 거두려면 1만 시간 정도 투자하는 노력은 해야 하지 않을까?

1만 시간. 우리가 만일 무엇인가 이루기 위해 하루에 5시간을 투자한다면 몇 년 정도 걸릴까?

1년이면 5시간×365일=1,825시간이 된다. 1,825시간×5년= 9,125시간이 되고, 1,825×6년=10,950시간이 되는구나. 즉 우리가 어떤 일에 성공을 거두기 위해서는 5~6년 피나는 노력을 해야 한다는 말이지.

그래, 성공은 오랫동안 꿈꾸고 그것을 간절히 원하는 사람에게 주어지는 월계관이야. 물론 운 좋게 그런 노력을 하지 않고도 성공하는 사람이 있겠지. 하지만 그것은 언제 무너질지 모르는 모래성 같은 성공이다.

'성공은 1만 시간의 행복'이라고 말하고 싶구나. 1만 시간 동안 노력하면 자신이 원하는 것 모두 이루어지니 1만 시간의 노력이나 힘겨움, 어려움이 아니라 '1만 시간의 행복'이라고 할 수 있지. 너도 1만 시간의 행복을 향해 오늘 한 시간부터 시작해보지 않겠니?

박.성.철. 선.생.님.의. 영화 이야기

때로는 감명 깊게 본 영화 한 편이 인생을 송두리째 바꾸기도 한다. 그만큼 영화에는 사람의 마음을 사로잡는 힘이 있기 때문인데, 그 힘이 바로 감성이다. 감성은 감정을 풍부하게 하고, 다른 사람을 보다 잘 이해할 수 있게 하지. 공부를 많이 해서 지식을 쌓는 것도 중요하지만, 감성이 없는 지식은 자칫 이기적인 자아를 만들 위험이 있다는 사실을 잊지 말기 바란다. 좋은 영화는 감성을 풍부하게 해준다.

자라나는 청소년에게 좋은 영화란 어떤 영화일까? 마침 영화 전문 잡지 《씨네21》에서 청소년을 위한 영화 이야기 77편을 모아서 《청소년을 위한 추천 영화 77》(이승민 · 강안 지음)이라는 책을 냈구나. 그중 몇 편을 골라서 소개하니 부모님과 함께 감상해보면 좋겠다.

◎

◎

순수한 영혼이 아름답다
〈천국의 아이들〉(마지드 마지디 감독)과 〈내 친구의 집은 어디인가〉(압바스 키아로스타미 감독)는 둘 다 까만 눈동자가 예쁜 어린이들이 나오는 이란 영화다. 〈천국의 아이들〉은 운동화 한 켤레를 번갈아 신고 학교에 가야 하는 두 남매의 이야기를, 〈내 친구의 집은 어디인가〉는 친구의 공책을 가져다주어야 하는데 어딘지 몰라 헤매고 다니는 아이의 이야기를 아름답게 그렸다. 반면 〈인생은 아름다워〉(로베르토 베니니 감독)는 슬프도록 아름다운, 혹은 아름답도록 슬픈 영화다. 독일 나치의 유대인 수용소에 끌려간 아빠와 어린 아들. 아빠는 아들이 상처받지 않게 하기 위해 그 모든 게 숨바꼭질 놀이라고 말하고, 끝까지 독일군에게 들키지 않으면 탱크를 상으로 받는다고 하지. 때 묻지 않은 영혼을 가진 이란 어린이들과 전쟁의 참혹함을 아무것도 모른 채 견뎌내야 하는 유대인 소년을 보며 너희는 무슨 생각을 할지 궁금하구나.

1950년대 중국 농촌을 배경으로 평범한 소녀와 초등학교 교사의 사랑 이야기를 아름다운 색채로 그린 〈집으로 가는 길〉(장이모 감독)은 풋풋한 사춘기의 첫사랑을, 1980년대 영국 탄광촌에서 발레 댄서의 꿈을 키워가는 한 소년의 성장영화 〈빌리 엘리어트〉(스티븐 달드리 감독)는 열정의 소중함을 전하고 있다.

◎
◎

더불어 사는 삶이 아름답다   1930년대 남아프리카는 인종

차별이 심했다. 〈파워 오브 원〉(존 G. 애빌슨 감독)은 이곳 한 마을에 태어난 영국인 소년이 흑인의 인권을 위해 싸우는 이야기로, 마지막에 등장하는 "한 방울의 물이 모여 어느새 거대한 힘을 이룬다"는 명대사가 유명하다. 또 〈시티 오브 조이〉(롤랑 조폐 감독)에서 미국인 의사 맥스와 간호사 조안은 인도 캘커타의 빈민들과 함께 인력거 회사의 폭력에 맞서 싸우지. 이 영화들은 나와 다른 남과 더불어 살기 위해서 때로는 이처럼 큰 용기가 필요하다는 사실을 가르쳐준다.

한편 100년 동안 아무런 변화도 없이 보수적인 신앙심으로 무장한 프랑스의 작은 시골 마을 사람들을 초콜릿이 달콤하게 변화시킨다는 〈초콜릿〉(라세 할스트롬 감독)은 유쾌한 영화다. 전통과 변화에 대해 한번쯤 생각해볼 수 있는 영화이기도 하지.

◎

◎

아픈 과거에서 희망을 만들다

역사는 영광이기도 하고 아픔이기도 하다. 사람들은 영광은 오래 기억되길 바라고, 아픔은 빨리 잊기를 바라지. 하지만 영광보다는 아픔을 오래 기억해야 똑같은 불행이 반복되지 않는다는 사실을 명심하렴. 제2차 세계대전 당시 독일군의 유대인 대학살을 다룬 〈쉰들러 리스트〉(스티븐 스필버그 감독)는 보고 나면 마음이 무거워지는 영화다. 캄보디아 내전 중 일어난 대학살을 소재로 한 〈킬링 필드〉(롤랑 조페 감독)도 마찬가지다. 하지만 아파도 꼭 봐야 할 영화다. 희망은 아픔을 견뎌내야 할 때 더욱 강하게 피어오르기 때문이다.

가까운 과거뿐만 아니라 먼 과거에서도 아픔의 기억을 끄집어낼 줄 아는 지혜가 필요하다. 고대 로마를 배경으로 한 〈글래디에이터〉(리들리 스콧 감독)와 〈벤허〉(윌리엄 와일러 감독), 십자군 전쟁을 배경으로 한 〈킹덤 오브 헤븐〉(리들리 스콧 감독)은 비교적 당대를 정확히 묘사했다는 평을 받는 작품들이니 역사 공부에도 도움이 될 것이다. 다만 무엇 때문에 그토록 치열한 싸움을 벌여야 했는지 생각해보기 바란다.

◎

◎

미래를 위한 또 하나의 동반자, 자연

이제 제목처럼 아름다운 영화 〈아름다운 비행〉(캐럴 발라드 감독)을 소개하마. 엄마 잃은 아픔을 간직한 소녀와 야생 거위의 교감을 화면 가득 펼쳐놓은 이 작품은 열을 지어 날아가는 거위들의 '아름다운 비행'을 도저히 잊을 수 없게 만든다. 자연의 아름다운 풍광을 배경으로 한 영화라면 〈아웃 오브 아프리카〉(시드니 폴락 감독)

126

또한 **빼놓**을 수 없겠구나. 아프리카 사바나(savanna)의 광활한 아름다움을 배경으로 한 이 영화는 넓은 농장을 소유한 덴마크 여자의 삶을 그렸단다. 문명과 자연이 더불어 살아가는 모습이란 무엇일까 생각해보게 하는 작품이지. 인간과 자연의 멋진 교감을 묘사한 아름다운 장면을 꼽으라면 주저 없이 〈베이〉(장 자크 아노 감독)를 추천하고 싶구나. 수곰과 사냥꾼이 맞닥뜨렸는데, 사냥꾼이 겁먹은 눈빛을 보이자 수곰은 돌아선다. 사냥꾼은 어떻게 했을까? 잠시 곰에게 총을 겨누었지만 역시 쏘지 못하고 자리를 뜨고 말지. 이런 마음이라면 인간과 자연은 친구가 될 수 있지 않을까?

유머 감각으로 무장하기

●

인생의 성장 촉진제, 칭찬

●

사람이 재산! '나만의 드림팀' 을 만들어라

●

문서로 만들지 않은 목표는 가치가 없다

●

지식을 '정기적금' 드는 책벌레 되기

●

친절의 씨앗은 성공의 열매로 돌아온다

●

미소짓는 얼굴도 능력이다

●

행동은 모든 문제를 해결하는 열쇠다

●

성공한 사람은 '열정' 을 30년간 품는다

●

성공의 지름길, 메모의 기술

●

집중력은 어떤 난관도 헤쳐나갈 수 있는 힘이다

●

인생은 곧 시간이다

성공의 기술 익히기

實用主義

실 용 주 의

유머 감각으로
무장하기

"이 사회에서 유머는 말장난이 아니라 능력이며, 대인 관계를
원활하게 하는 특급 건전지다."

유머는 상대방을 사로잡는 강력한 무기

유머는 현대사회에서 하나의 무기다. 그것도 상대방의 마음을
사로잡는 강력한 무기지. '호감이 가는 사람'을 묻는 질문에 예전
에는 '잘생긴 사람'이 1위였지만, 요즘엔 '유머 감각 있는 사람'이
라는 답변이 제일 많다는구나.

연예인과 정치인들이 많이 찾는 미국의 고급 헬스클럽에서 어

느 날 사람들이 가장 자주 이용하는 운동 기구가 고장났다. 게다가 운동 기구를 고치는 사람이 휴가 중이라 당장 고칠 수가 없었지. 운동 기구를 사용하지 못한 사람들이 화를 낼 만도 한데, 오히려 즐거워했단다. 유머 감각이 풍부한 사장이 고장난 운동 기구 아래 이런 문구를 붙여두었기 때문이지.

'이 기구는 어제 나사를 먹어버리는 화성인의 공격을 당했습니다. 우리는 지구를 지키기 위해 즉시 막아보았지만 그들은 가장 인기 있는 이 운동 기구를 공격했습니다. 우리는 화성인의 공격에서 지구를 보호하며 이 기구를 빠른 시간 내에 고치도록 하겠습니다. 불편을 끼쳐드려서 정말 죄송합니다.'

어떠니? 정말 재미있고 재치 있는 유머라고 생각하지 않니? 이런 문구를 보고도 고장났다고 화를 내거나 얼른 고쳐내라고 사장의 멱살을 잡는 사람은 아마 없을 거야.

《에이전시 세일즈 매거진(Agency Sales Magazine)》이라는 잡지에서 유머에 대해 조사한 적이 있다.

'유머 감각이 발달한 사람들은 스스로 편안함을 느낄 뿐만 아니라, 일을 하면서 행복감을 더 느끼며 생산력 또한 높다고 한다.

유머는 연령과 무관하게 모든 사람들이 활용할 수 있는 자원이다. 유머는 긴장과 스트레스를 해소하고, 사람들을 좀더 가깝게 만들어준다. 직장에서 유머는 생산력을 증진하고, 대화를 개선하며, 직원의 사기를 강화한다.'

처음 만난 사람과 있으면 서먹서먹하게 마련이다. 그럴 때 살짝 유머를 곁들이면 상대방은 마음의 빗장을 풀고 너를 호감 있는 시선으로 바라볼 거야.

하지만 유머를 구사할 때 주의할 것이 있다. 그 유머가 다른 사람을 깎아내리거나 실수를 비꼬는 유머가 되어서는 안 된다는 점이지.

유머의 기술은 평소에 연마해야 한다

유머를 잘 구사하기 위해서는 평소에 다른 사람에게 들은 유머를 메모해두거나 TV, 라디오, 신문, 잡지의 유머 코너를 눈여겨보는 게 좋다. 목소리 톤에 변화를 주고, 제스처나 사투리 등을 써가면서 연습해보는 것도 필요하다.

노리시(A. E. Norrish)는 성공하는 사람들이 갖춰야 할 필수 조건으로 유머를 강조했다.

"나는 유머가 없는 지도자를 만나본 적이 없다. 이 능력은 자기 자신과 주위 환경을 견고하게 만들고, 넓은 안목으로 사물을 볼 수 있게 해준다."

네가 살아가는 이 사회에서 유머는 말장난이 아니라 능력이며, 대인 관계를 원활하게 해주는 특급 건전지다. 너의 유머를 듣고 웃은 사람은 아침에 까치를 본 것처럼 너를 보면 왠지 좋은 일이 생길 것이라는 인상을 받는다. 웃음이야말로 엔도르핀이 돌게 하고, 마음의 때를 말끔히 벗겨주는 치료약이기 때문이지.

웃음의 어마어마한 위력을 알았다면, 이제 유머를 통해 얼굴에서 늘 웃음이 떠나지 않는 사람이 되어야 한다. 데일 카네기(Dale Carnegie)가 정의한 웃음에 대한 이야기를 읽고, 웃음을 성공의 무기로 삼는 네가 되렴.

웃음은 별로 소비되는 것은 없으나

건설하는 것은 많으며,

주는 사람에게는 해롭지 않으나

받는 사람에게는 넘치고,

짧은 생에서 생겨나

그 기억은 길이 남으며,

웃음이 없이 참으로 부자가 된 사람은 없고

웃음을 가지고 정말 가난한 사람도 없다.

웃음은 가정에 행복을 더하고

사업에 활력을 불어넣으며,

친구 사이를 더욱 가깝게 하고

피곤한 자에게 휴식이 되며,

실망한 자에게는 소망이 되고

우는 자에게는 위로가 되며,

인간의 모든 독을 제거하는 해독제다.

그런데 웃음은 살 수도 없고,

빌릴 수도 없고,

도둑질할 수도 없는 것이다.

인생의
성장 촉진제, 칭찬

> "무술 유단자가 다른 사람이 따라올 수 없을 정도로 높은 경지에 이르는 것처럼, '칭찬 유단자'는 다른 사람이 감히 넘볼 수 없는 인생의 승리자가 된다."

칭찬은 사람의 인생을 바꿔주는 만병통치약

절망하는 사람, 힘들어하는 사람, 포기하려는 사람, 눈물 흘리는 사람, 무기력한 사람…… 이런 사람들의 삶을 확 바꿔주는 만병통치약이 있다. 더욱 놀라운 것은 휴대하기도 간편한 이 마법의 약이 공짜라는 사실.

그 약은 '칭찬'이야. 칭찬이 얼마나 큰 힘이 있는지 살펴보자.

미국의 사회심리학자 존 크레인 박사는 '칭찬 클럽'을 만들고 회원을 모집했다. 가입 자격은 아주 간단했다.

'한 달 동안 하루에 세 번 각각 다른 사람을 칭찬하는 것.'

단, 진심 어린 마음으로 칭찬하고, 뛰어난 사람이 아니라도 그 사람의 장점을 찾아 칭찬해야 한다는 것이 조건이었지.

그 클럽에는 회의실도 없고 정기적인 만남도 없었다.

존 크레인 박사는 칭찬 클럽을 운영한 결과를 논문에 발표했다. 칭찬 클럽에 가입해서 활동한 사람은 공포와 우울증이 말끔히 고쳐졌고, 행복지수와 신체건강지수가 확연히 좋아졌다는 거야.

현대의 기업들은 칭찬을 강력한 포상 제도로 사용한다.

애플컴퓨터(Apple Computer Inc.)는 처음 매킨토시를 개발했을 때 제품을 기획하고 만든 직원들의 이름을 모두 제품에 새겼다. 벨 애틀랜틱(Bell Atlantic Corporation)에서는 1년에 한 번씩 최우수 직원을 선발하고, 회사에서 개발한 이동전화기에 그 직원의 이름을 붙인다. 복사기와 사무 기기로 유명한 제록스(Xerox Corporation)에서는 '종소리 상'을 만들어 칭찬할 점이 있는 사원이 생기면 벨을 울려 회사 전체에 알린다.

기업에서 왜 이런 방법들을 사용할까? 칭찬이나 인정을 받은 직원들이 그 회사에서 뛰어난 능력을 발휘하고, 성실하게 일하는 것은 어쩌면 당연한 일일 거야. 칭찬은 이렇게 강력한 힘이 있단다.

사람들이 돈이나 상장보다 원하는 것이 두 가지 있는데, 그것은 바로 칭찬과 격려지. 이것들은 돈이 전혀 들지 않을 뿐만 아니라 받는 사람에게는 평생 동안 잊을 수 없는 감동과 힘을 준다.

'칭찬 유단자'가 되기 위한 4가지 기술

다른 사람을 칭찬하는 것은 돈도 들지 않고 누구나 할 수 있지만, 아무 노력 없이 되는 것은 아니다. 칭찬도 무술처럼 단련하고 연습하여 유단자가 되어야 한다. 무술 유단자가 다른 사람이 따라올 수 없을 정도로 높은 경지에 이르는 것처럼, '칭찬 유단자'는 다른 사람이 감히 넘볼 수 없는 인생의 승리자가 되는 법이거든.

칭찬을 잘하려면 어떻게 해야 할까?

첫째, 상대방이 잘 느끼지 못하던 장점을 칭찬해주는 것이다. 사람들은 보통 자신의 장점보다는 단점에 익숙하다. 장점이 없는 사람은 없으니 그 사람의 장점을 칭찬해주는 것이지.

둘째, 큰 소리로 칭찬해주는 것이다. 칭찬은 그 사람 앞에서 하는 것보다 다른 사람도 들을 수 있는 곳이나 그런 상황에서 해주면 더욱 큰 힘을 발휘한다.

셋째, 결과만 칭찬하는 것이 아니라 과정을 칭찬하는 것이다. 설령 결과가 좋지 않게 나왔더라도 그 사람이 들인 노력이나 행동을 칭찬해주는 거지.

넷째, 말로만 칭찬하는 것이 아니라 다양한 방식으로 칭찬하는 것이다. 칭찬은 문자 메시지나 편지, 엽서, 전화, 눈빛으로도 할 수 있다. 가끔은 다른 방식으로 칭찬하는 것에 더 감동하는 법이거든.

인생의 성장 촉진제, 칭찬! 잘 주고 잘 받는 네가 되렴.

사람이 재산!
'나만의 드림팀'을 만들어라

> "내 곁을 정이 많고, 믿을 만하고, 능력을 개발해나가는 사람들
> 로 채워 '사람 부자'가 되어야 한다."

좋은 인간 관계가 인생을 바꾼다

제아무리 잘난 사람도 혼자 힘으로 성공의 탑에 오를 수는 없
다. 어른들은 자신을 도와주고 후원해주는 사람 관계를 인맥이라
하며, '인맥(人脈)이 아니라 금맥(金脈)'이라고 부를 만큼 인간 관계
맺는 것을 중요하게 여긴다.

'싸이월드'가 '1촌 만들기'를 통해 엄청난 인기를 끌고 있다.
이것도 일종의 '인맥 쌓기'라고 볼 수 있다. 너희가 그만큼 취미나

마음이 같은 사람끼리 더욱 가까워지고 힘을 발휘하는 시대에 살고 있다는 이야기지.

2001년 홍콩의 시사 주간지《아시아 위크(Asia Week)》에서 뽑은 '아시아에서 가장 영향력 있는 여성 7인' 가운데 한 사람으로 선정되었고, 2004년 미국의 경제 일간지 〈월 스트리트 저널(Wall Street Journal)〉에 '주목해야 할 여성 기업인 50명'으로 뽑히기도 한 성주인터내셔널의 김성주 대표는 인맥의 중요성에 대해 다음과 같이 말했다.

"똑같은 실력이 있어도 그 역량을 몇 배로 발휘하는 사람이 있는가 하면, 자신의 능력조차 제대로 펼치지 못하는 사람도 있습니다. 이 둘의 차이가 바로 휴먼 네트워크(인맥)의 차이일 것입니다."

인맥은 곧 좋은 인간 관계를 뜻한다. 좋은 인간 관계 덕분에 인생이 바뀐 사람의 이야기를 들려주고 싶구나.

영국의 한 부잣집 소년이 스코틀랜드의 어느 시골로 놀러 갔다.

소년은 개울에서 수영을 하다가 갑자기 발에 쥐가 났고, 허우적거리다 위험한 상황에 빠졌다. 그때 부근에서 밭일을 하던 시골 소년이 그를 구해주었다. 부자 소년은 그 사실을 아버지에게 이야기했고, 아버지는 시골 소년을 불렀다.

"정말 고맙다. 네가 우리 아들의 목숨을 살려주었구나. 원하는 것이 있다면 들어주마."

시골 소년은 머뭇거리다가 말했다.

"저는 의학 공부를 해서 훌륭한 의사가 되는 것이 소원입니다. 하지만 저희 집이 가난해서……."

부자 소년의 아버지는 그 아이가 대학에 다닐 때까지 학비를 대주었다. 두 소년은 어느덧 청년이 되었다. 시골 소년은 우수한 성적으로 의과대학을 졸업했고, 열심히 공부하여 교수가 되었다. 그가 바로 알렉산더 플레밍(Alexander Fleming)이다. 부자 소년은 훗날 영국의 수상이 된 윈스턴 처칠이다.

플레밍은 끊임없이 연구에 매달려 여러 가지 약을 발명했고, 처칠은 군인이 되었다. 그러던 중 제2차 세계대전이 벌어졌다. 아프리카에서 참전하고 있던 처칠은 큰 병에 걸렸다. 그 소식을 들은 플레밍은 모든 일을 제쳐두고 아프리카로 향했다. 그는 자신이 발명한 페니실린으로 처칠의 병을 고쳐주었지. 플레밍과 처칠의 돈독한 우정이 상대를 구해주고 발전시킨 것이다.

사람은 누구나 자신의 힘만으로는 살아갈 수 없기 때문에 세상은 서로 부족한 부분을 채워주는 관계 속에서 발전해가는 법이다. 어른들이 인맥 쌓는 것을 중요하게 생각하는 이유가 바로 이것이지.

'사람 부자'가 되기 위해서는 먼저 버려야 한다

네 나이에 인맥이라는 말이 조금 어색하게 들린다면 '나만의 드림팀'이라고 불러보자. '사람 부자'라고 할 수도 있겠구나. 여기서 나만의 드림팀에 들어올 수 있는 사람은 친구이자 조언자일 테고.

네 곁을 정이 많고, 믿을 만하고, 능력을 개발해나가는 사람들로 채워 '사람 부자'가 되어야 한다. 사람 부자는 네가 아는 친구나 선후배가 얼마나 되느냐 하는 문제가 아니다.

'무슨 일이든 믿고 의논할 수 있는 친구, 어려울 때 힘이 되어주는 친구, 잘 모르는 일이 있을 때 언제든지 물어볼 수 있는 선배, 먼 곳에 떨어져 살지만 가까운 곳에 있는 사람들보다 믿음이 가는 친구, 자주 만나지 못해도 늘 함께 있다고 생각되는 친구, 나의 모자란 부분을 털어놓아도 부끄럽지 않은 선후배……'

많지 않아도 주위에 이런 사람들이 있다면 그는 사람 부자다.

나만의 드림팀을 만들려면 어떻게 해야 하냐고? 먼저 친구나 선후배에게 그런 사람이 되어주는 것이다. 나만의 드림팀을 갖기 위해서는 가장 먼저 버려야 한다. 버려야 한다니 궁금증이 일겠지.

자기만을 생각하는 이기심, 친구나 선후배를 배려할 줄 모르는 건방진 태도, 사소한 일에도 등을 돌리는 옹졸한 마음……. 나만의 드림팀을 꾸리기 위해서는 제일 먼저 이런 것들을 한데 묶어 쓰레기통에 버려야 한다.

그 다음은 'give & forget, give & forget, give & forget……'이다. 먼저 주고, 준 것을 잊고 다시 주고, 준 것을 잊고 다시 더 주고…… 준 것을 잊는 자세가 필요하다.

'나는 이만큼 해주었는데 쟤는 왜 안 주는 거야?' 하고 먹구름 같은 마음을 품기 때문에 세상의 모든 우정에 금이 가는 것이다. 진심은 언제나 통하는 법. 주고 또 주다 보면 그 친구나 선후배는 정말 네가 도움이 필요할 때 반드시 버선발로 달려와줄 거야.

'눈에서 멀어지면 마음도 멀어진다'는 말이 있듯이 꾸준히 연락하는 것도 중요하다. 문자 메시지를 보내는 것도 좋고, 엽서나 편지를 보내면 더욱 가까운 마음의 끈이 생기는 것을 느낄 수 있다.

'사람이 재산'이라는 말을 명심하고, 진실한 마음으로 '나만의 드림팀'을 만들어가는 네가 되어라.

문서로 만들지 않은
목표는 가치가 없다

"인생의 목표를 글로 적어두고 시간 날 때마다 읽어보는 거야. 글로 쓰고, 말로 하고! 그렇게 하다 보면 목표는 단단하고 알차게 익어갈 것이다."

목표는 인생의 등대이자 나침반이다

"글로 적어서 문서로 만들지 않은 목표는 결코 실행될 수 없다."

유명한 기업가가 한 말이다.

실제로 목표를 적어두었을 때와 그렇지 않았을 때 차이를 극명하게 보여주는 예가 있다.

1953년 미국 예일 대학교(Yale University)에서는 졸업생들을 대상으로 설문조사를 했다.

'당신은 인생의 목표와 그 목표를 달성하기 위한 계획을 종이에 적어두었습니까?' 라는 질문에 명확한 목표를 종이에 적어놓았다고 답한 사람은 3%뿐이었다. 인생과 무관한 꿈을 가진 사람이 60%, 목표가 전혀 없고 되는 대로 살아가는 사람이 27%, 목표를 정해놓고 생각만 하는 사람이 10%였다.

그리고 20년이 흐른 1973년, 예일 대학교에서는 당시 응답했던 사람들을 추적해서 조사했다. '목표를 적어둔 사람과 그렇지 않은 사람의 차이'를 조사한 것이지. 그랬더니 놀라운 결과가 나왔단다. 목표를 종이에 적어둔 3%의 졸업생이 벌어들이는 수입이 나머지 97%의 졸업생이 벌어들이는 수입보다 많았던 거야.

이처럼 항상 목표를 적어두고 구체화하는 습관을 들여야 한다. 세계 최고의 자기계발 전문가이자 베스트셀러 작가 브라이언 트레이시(Brian Tracy)도 자신의 연구 결과를 통해 다음과 같이 말했다.

"인생에서 성공한 사람들에게는 공통점들이 있었다. 그것은 목표를 메모로 정리해두는 습관이다."

그게 뭐 어렵냐고? 하지만 실제로 그것을 실천하는 친구들은 거의 없다. 쉬워 보이지만 못 하는 것들을 충실히 해나가는 사람에게 성공으로 가는 특급열차의 티켓이 주어지는 것은 어쩌면 당연한 일 아니겠니?

목표를 적어두면 어떤 점이 좋을까?

바다에서는 등대가 밤길을 알려주고, 산에서는 나침반이 어디로 가야 하는지 방향을 알려주잖아. 목표는 이처럼 우리 인생의 등대요, 나침반이다. 목표를 적어두는 행동은 삶의 지침과 방향을 알려주는 강력한 힘이 되기 때문이지.

공부를 할 때 머릿속으로만 생각하고 손을 움직이지 않는 것보다 자꾸 쓰면서 공부하면 잘 외워지고 기억에 오래 남지 않니? 목표를 적어두는 것도 이와 같은 이치다. 글로 적어둔 목표를 한 번씩 소리내어 읽어보면 효과가 더욱 좋다.

인생의 목표를 문서로 만드는 법

예전에 자전거 수리공이던 한 형제의 책상에 다음과 같은 글이 적혀 있었다.

첫째, 하늘로 끌어올려야 한다.
둘째, 공중에 머물러 있게 해야 한다.

셋째, 가고자 하는 곳으로 날아갈 수 있어야 한다.

이 형제는 매일 아침 일어나면 그 목표를 큰 소리로 외치고 마음
속으로 다짐했다. 이들이 바로 수많은 사람들이 실패했던 하늘을
나는 비행기를 만들어서 '마법의 꿈' 을 이룬 라이트 형제(Wright
brothers)다.

그럼 목표는 어떻게 세워야 할까? 일주일이나 한 달간의 단기
목표, 1년 후의 중기 목표, 3년 후의 중·장기 목표, 10년 후의 장기
목표 등으로 나눠서 적어두렴. 그리고 인생을 빛내주는 '다이아몬
드' 다섯 가지, 즉 다음의 '5F'에 대한 목표를 적어보는 거야.

1F : Family(가족)

2F : Friend(친구)

3F : Faith(신념)

4F : Fitness(건강)

5F : Finance(자금)

이 다섯 가지에 대하여 단기, 중기, 중·장기, 장기적으로 이룰

것들을 기록해두렴. 인생의 '다이아몬드 5F'에 대한 목표만 모두 이룰 수 있다면 너는 역사의 한 페이지를 화려하게 장식하는 인물로 우뚝 설 거야.

기록한 것을 일기장이나 다이어리 앞쪽에 붙여두고 시간이 날 때마다 읽어보는 것도 좋다. 글로 쓰고 말로 하다 보면 단단하고 알찬 목표로 익어갈 거야.

지식을
'정기적금' 드는
책벌레 되기

> "퀴즈대회에 나가서 여러 분야의 문제를 척척 맞힐 수 있는 '잡학 박사'의 능력, 어려운 분야의 논문도 거뜬하게 만들어낼 수 있는 '한 우물 박사'의 능력."

'잡다한 지식＋깊이 있는 지식＝성공'

1970년대에 가장 똑똑한 사람과 2007년에 가장 똑똑한 사람의 다른 점이 뭔지 아니? 1970년대에는 자기 머릿속에 지식이 많은 사람이 가장 똑똑한 사람이었지만, 2007년에는 자기에게 필요한 지식이나 정보가 어디에 있는지 알고, 찾고, 활용할 줄 아는 사람이 가장 똑똑한 사람이다.

과거에는 노하우(know-how)가 뛰어난 사람이 성공하고 인정받

생각이
열리는 책나무

았다면, 정보화 시대인 지금은 노웨어(know-where)가 뛰어난 사람

이 성공한다. 하지만 지식을 쌓는 데 제일 좋은 방법이 책을 읽는 것

이라는 사실은 예나 지금이나 변함이 없다. 인터넷 세상에서 정보

를 쉽고 빠르게 얻을 수는 있지만, 깊이 있는 지식은 책을 따라가기

어렵다.

물론 세상이 빠르게 변하는 요즘은 그때그때 사용할 수 있는 잡다한 지식도 많이 알아야 한다. 즉 현대는 '잡다한 지식＋깊이 있는 지식＝성공' 이라는 방정식이 성립하는 시대지. 퀴즈대회에 나가서 여러 분야의 문제를 척척 맞힐 수 있는 '잡학 박사' 의 능력과 어려운 분야의 논문도 거뜬하게 만들어낼 수 있는 '한 우물 박사' 의 능력이 모두 필요한 시대다.

그러나 인생의 큰 승부에서는 보다 깊이 있는 지식으로 판가름 나는 경우가 많다. 그때를 대비해 책에서 야금야금 정보를 얻고 지식을 쌓아가는 책벌레가 되어야 한다. 미국의 동기 부여 전문가 짐 론(Jim Rohn) 박사는 "정보화 사회에서는 지식과 지혜가 최고의 권력이며, 그것을 기를 수 있는 것은 책" 이라고 했다.

책을 읽지 않는 사람은 정신에 곰팡이가 핀다. 정신을 위하여 아무것도 하지 않으면 결국 죽은 인생이 되고 만다. 네가 더 나은 미래를 위하여 가꾸고 성공하는 데 필요한 것은 모두 책에 있다. 현대사회에서 모르는 것은 약이 아니라 병이다. 성공하고 싶다면 다양한 분야의 책을 많이 읽어라.

책 읽기는 논술을 위한 종합 선물 세트다

너희에게 가장 시급한 과제가 뭐냐고 물으면 대부분 "열심히 공부해서 대학에 가는 것" 이라고 대답할 거야.

'공부할 시간도 부족한데 지식을 쌓기 위해 책을 읽으라고?'

말도 안 되는 소리라고 할지 모르지만 다 이유가 있단다. 지금 너희의 머리를 아프게 하는 것 가운데 하나가 논술이지? 어떻게 해야 논술을 잘할 수 있을까?

논술 능력을 구성하는 요소는 이해력과 사고력, 표현력을 들 수 있다. 이것을 한꺼번에 기를 수 있는 종합 선물 세트가 바로 책 읽기다. 책 읽기는 이해력, 사고력, 표현력과 일정 부분 관련이 있기 때문이지.

그럼 책 읽기 노하우에 대하여 알아볼까?

책 읽기로 지식 탐사에 나설 때 무작정 읽기만 하는 것은 참 어리석은 일이다. 책은 다음과 같은 자세로 읽는 것이 좋아.

첫째, 항상 머릿속에 '왜?' 라는 질문을 던지는 거야. 저자가 그렇게 판단한 근거는 무엇인지, 저자는 이 부분에서 왜 이렇게 이야기했는지 자신에게 질문하면서 읽는 거지.

둘째, 제목과 소제목에서 의미를 파악하는 거야. 이것은 신문이나 책을 볼 때 공통적으로 해당되는 이야기다. 다 읽으려면 족히 몇 시간은 걸릴 때 신문이나 책의 큰 제목과 그것을 뒷받침하는 소제목을 읽고, 의미를 상상하고 유추하고 확인해보렴. 사고력과 표현력을 키우는 좋은 활동이 된다.

셋째, 책의 종류에 맞게 '생각하며 읽기', '느낌표 읽기', '줄거리 읽기', '요약하며 읽기'를 하는 거야. '생각하며 읽기'는 수준이 높은 책이나 의문점이 많은 책을 읽을 때 최대한 속도를 늦추고 생각하면서 읽는 방법이다. '느낌표 읽기'는 소설이나 에세이 등을 읽을 때 등장인물을 자신이라고 생각하면서 읽는 방법이다. '줄거리 읽기'는 고전이나 위인전, 소설 등을 읽을 때 원인과 결과를 떠올리면서 읽는 방법이다. '요약하며 읽기'는 논설, 과학, 상식, 역사 같은 책을 읽을 때 중요한 부분을 메모하면서 읽는 방법이다.

다양한 책 읽기 방법을 익혀서 지식을 정기적금 드는 네가 되렴.

친절의 씨앗은
성공의 열매로 돌아온다

"사랑, 친절, 나눔은 반드시 이자가 붙어서 자신에게 돌아온다.
그 부메랑은 세상을 돌고 돌아 오염된 지구를 아름답게 한다."

친절은 성공을 위한 밑거름이다

한 사업가가 미국 로스앤젤레스로 여행을 떠났다. 예약한 최고
급 호텔에 가서 짐을 풀고 몇 가지 바쁜 일이 있어 룸서비스를 요청
했지. 잠시 후 노크 소리가 나서 문을 열어보니 자신의 일을 도와줄
웨이터가 서 있었다.

"안녕하세요! 안녕하세요! 안녕하세요!"

이상하게도 웨이터는 세 번이나 되풀이해서 인사를 하더란다.

발음을 들어보니 미국 사람은 아닌 것 같아 물어보았다. 그는 영어가 매우 서툰 멕시코 사람이었지. 하지만 사업가는 그런 웨이터의 태도가 지나치다는 생각이 들기보다 오히려 매우 성실해 보였다는구나.

"아주 열심히 일하는군요."

그러자 웨이터는 함박웃음을 지으며 말했다.

"예, 그렇습니다. 저는 제 직업을 참 좋아합니다. 커피 한 잔 드릴까요?"

"예, 좋습니다."

웨이터는 시종일관 미소를 띤 채 즐겁게 이야기하더란다.

"날씨가 좋아질 것 같지 않습니까?"

"아뇨, 내가 듣기로는 오늘 비가 온다고 하던데."

"예, 비도 좋을 것입니다. 비는 날씨를 흐리게 하지만 잔디를 푸르게 할 테니까요. 꽃과 나무에게는 비가 꼭 필요하고요. 그렇지 않아요, 선생님?"

웨이터의 영어는 서툴렀지만 그의 대화는 성실했다. 사업가는 그의 서툰 영어가 전혀 귀에 거슬리지 않았어. 오히려 그의 공손한 태도가 믿음직스러웠지.

웨이터가 일을 마치고 방을 떠났을 때 사업가는 창가에 앉아 생각에 잠겼다.

'외국어를 잘해도 겨우 취직할 수 있는 최고급 호텔에서 서툰 영어에도 불구하고 일자리를 얻은 이유를 이제야 알겠군!'

우리나라에도 친절 덕분에 성공한 사람이 있다. 젊은 트럭 운전사가 있었다. 그는 무척 성실하고 친절한 사람이었지. 어느 날 트럭을 몰고 시골길을 가던 그는 바퀴가 웅덩이에 빠진 자동차 한 대를 보았다. 그 자동차의 주인은 처음 보는 백인 여자였지만 그는 몇 시간이나 애를 써가며 그 여자를 도와주었다.

그녀는 미군 고급장교의 아내였는데, 이 청년의 성실함과 친절함을 고마워하며 저녁식사에 초대했지. 청년과 함께 식사한 그녀의 남편은 인상 좋고 성실한 청년에게 미군 부대에 음식을 납품할 기회를 주었다.

청년의 성실함과 친절함은 부대 내에서도 인정을 받았고, 결국 베트남 전쟁에서 미군의 음식과 물건을 수송하는 업무를 맡았다. 그렇게 청년은 회사를 키워나갔고, 지금은 거대한 그룹의 총수가 되었어. 그 청년이 바로 한진그룹의 창업주 조중훈 회장이다.

낯선 사람에게 베푼 친절이 대한항공, 한진해운 등 21개 회사와 인하대학교, 한국항공대학교를 거느린 거대 그룹의 밑거름이 된 거지.

모르는 사람에게 엉뚱한 친절 베풀기

소아마비 장애인이면서 다른 장애인의 직업 재활 훈련을 돕는 리처드 차베드는 성공에 대하여 아름다운 말을 남겼다.

"성공에는 여러 가지 정의가 있을 수 있다. 돈, 권력, 명성 등을 성공의 척도로 보는 사람이 많다. 그러나 성공이란 남에게 손을 뻗는 것, 다른 사람을 돕는 것일 수도 있다. 물질적인 것은 사고 팔 수 있는 것에 불과하다. 하지만 희망, 용기, 성실함 등을 다른 사람에게 줄 수 있다는 것은 얼마나 눈부신가. 다른 사람에게 주는 것은 반드시 자신에게 돌아온다. 시간이 걸릴지 모르지만 그것은 반드시 돌아온다."

사랑, 친절, 나눔 등은 '부메랑의 법칙'이 통하는 마음이다. 이상하게도 상대방을 향해 던지는 사랑, 친절, 나눔은 반드시 이자가 붙어서 자신에게 돌아오지. 그리고 그 부메랑은 세상을 돌고 돌아 오염된 지구를 아름답게 해주는 공기청정기가 된다.

한 가지 명심해야 할 것은 그런 마음이 자신에게 돌아오기를 바라고 베풀어서는 안 된다는 점이야. 그런 마음으로 베푸는 사랑이나 친절, 나눔은 진심에서 우러나온 것이라고 보기 어려우니까.

'모르는 사람에게 엉뚱한 친절 베풀기.'

네가 꼭 기억하고 실천해야 할 인생의 공익광고다.

미소짓는
얼굴도 능력이다

"미소는 '나는 당신을 좋아합니다. 당신은 나를 행복하게 해줍니다. 당신을 만나 반갑습니다'라는 말의 다른 표현이다."

미소는 사람을 행복하게 한다

미국에서 가장 유명한 할인 마트, 아니 전 세계에서 가장 유명한 유통업체가 바로 월마트다. 인구 5만 명도 안 되는 도시의 아주 작은 동네에서 매장을 열기 시작하여 지금은 전 세계에 4,600개가 넘는 매장을 거느린 공룡 기업이 되었지. 월마트가 이렇게 대단한 성공 신화를 쓴 데는 수많은 요인이 있지만, 그중에서 하나는 꼭 너에게 들려주고 싶구나.

한때 미국의 월마트 직원이 입고 있는 티셔츠의 가슴 부분에는 늘 1달러짜리 지폐가 꽂혀 있었다. 사람들은 그것을 '스마일 달러'라고 불렀지. 간부 사원부터 매장 직원, 청소부에 이르기까지 모두 이것을 꽂고 있었는데, 매장에는 다음과 같이 스마일 달러에 대한 설명이 붙어 있었다.

'만일 우리 직원 중 누구라도 미소짓지 않거나 친절하지 않은 사람이 있다면 그 직원의 스마일 달러를 뽑아 가세요.'

덕분에 사람들은 월마트에 가면 늘 친절한 서비스를 받고 따뜻한 미소를 볼 수 있었지. 다양한 판매 기법, 고객의 눈높이에 맞는 매장 배치, 독특한 마케팅 기법 등 월마트의 성공 요인은 여러 가지가 있지만, 미소짓는 얼굴이야말로 가장 중요한 성공 요인이 아닐까.

서울의 신당동에는 떡볶이 골목이 있지. 그곳엔 떡볶이 집이 많지만 유독 장사가 잘 되는 집이 있다. 그 집에만 사람들이 몰리는 것이 이상해서 다른 가게의 주인이 손님인 척 그곳에 들어가 떡볶이 맛을 보았지만 별다른 것이 없었다는구나. 고개를 갸우뚱거리며 나오는데 카운터에 적힌 글을 보고 무릎을 쳤단다.

'한 시간이라도 미소짓지 않고 지낸 날은 헛된 하루다.'

프랭크 어빙 프레처는 다음과 같은 말을 남겼다.

"밑천은 들지 않고, 이익은 막대하게 늘릴 수 있으며, 받는 사람은 기쁘다. 이것을 일순간 보이면 기억은 영원해진다. 어떠한 부자라도 이것이 없으면 안 되며, 아무리 가난한 사람이라도 충분하게 해주지 못하면 견디지 못하는 것. 가정에는 행복을, 가게에는 손님을 가져다주며, 친구에게는 우정을 더욱 돈독하게 해준다. 삶이 힘겨운 사람에게는 휴식이, 슬픈 사람에게는 위안이 되며, 괴로움을 일순간에 없애주는 명약. 살 수도, 조를 수도, 훔칠 수도 없는 것. 남에게 주면 그제야 비로소 가치가 생기는 것. 그것은 바로 상대방에게 주는 미소다."

거울 앞에 서서 미소지어보자

왜 미소를 지어야 할까? 왜 미소가 좋은 것일까?

미소는 사람을 즐겁게 한다. 그 이유는 상대방을 향해 짓는 미소가 "나는 당신을 좋아합니다. 당신은 나를 행복하게 해줍니다. 당신을 만나 반갑습니다"라는 말의 다른 표현이기 때문이다. 이런 인사를 받고 기뻐하지 않고, 기분 좋지 않을 사람이 있겠니?

퍼내도 퍼내도
마르지 않는
미소 한 국자

성공한 사람의 얼굴을 자세히 보면 온화하고 사람을 편안하게 하는 미소를 간직한 경우가 많다. 그렇다면 그런 사람들은 미소 띤 얼굴을 타고난 것일까? 아니다. 미소짓는 연습을 하고, 사람을 만나 연습한 대로 미소를 지어 보이고, 자연스럽게 미소짓는 연습을 해서 얻은 결과지.

가끔 거울 앞에 서서 미소지어보렴. 그것은 상대방을 위한 것이기도 하지만, 자신을 위한 것이기도 하다. 자신에게 미소짓는 것은 막 샤워를 끝냈을 때의 상쾌한 기분을 느끼게 해준다.

미소는 내 양동이에 있는 것을 한 국자 떠서 다른 사람에게 주는 것과 같다. 즉 남의 양동이를 채워주는 것이지. 희한한 것은 이렇게 퍼내고 퍼내도 자신의 양동이는 조금도 줄어들지 않는다는 사실이야.

미소는 현대사회에서 반드시 갖춰야 할 중요한 능력이자, 삶을 한 단계 업그레이드해줄 능력이다.

행동은
모든 문제를
해결하는 열쇠다

"손을 부지런히 움직이는 사람, 발을 부지런히 움직이는 사람, 머리를 부지런히 움직이는 사람에게 성공은 온화한 미소를 보낸다."

성공의 문은 기다린다고 열리지 않는다

유명한 투자 전문가가 있었다. 그는 자신의 투자 비법을 소개한 책을 펴내 큰 성공을 거두었지. 사람들은 그의 다음 책을 기다리기 시작했어. 드디어 나온 그의 새 책에도 완벽한 투자 비법이 제시되어 있었다.

1년 후 그 책을 읽은 사람들은 정확하게 두 부류로 나누어졌다. 큰 성공을 거둔 사람과 아무런 성공을 거두지 못한 사람이었지. 책

을 읽은 사람 중 20%가 성공을 거두었고, 나머지 80%는 아무런 성

공도 거두지 못했다.

　　성공하지 못한 사람 가운데 한 명이 그에게 전화를 걸어 따지기

시작했어.

"당신은 순 엉터리요. 도대체 당신의 비법이 맞기는 한 거요? 나는 당신의 책을 읽었지만 하나도 달라진 것이 없어요. 책을 읽은 뒤에도 여전히 빚에 시달리고, 경제적으로 곤란하단 말이오."

투자 전문가는 아무 말 없이 그의 불평을 듣고 나서 물었지.

"당신은 내 책을 읽고 어떤 것을 행동에 옮기셨습니까?"

그러자 그 남자는 모기 같은 목소리로 말했다.

"저, 저는…… 단지 기다리기만 했는데요?"

어떠니? '기다리기만 했다' 는 것이 그 사람이 실패한 가장 큰 이유가 아닐까?

성공으로 가는 엘리베이터가 고장났다면 너는 어떻게 하겠니? 엘리베이터가 수리될 때까지 기다리겠니? 성공으로 가는 엘리베이터는 고장났지만 계단은 항상 열려 있다. 계단으로 올라가는 '행동' 이 너를 성공이라는 정상에 데려다주는 것이란다.

노크 한 번으로 성공의 문이 열리지 않았다고 해서 절망하는 것은 절대 금물!

기회를 날려버린 후 다시는 기회가 오지 않으리라고 좌절하는 것도 절대 금물!

허버트 카우프만(Herbert Kaufman)이 보내는 편지를 읽어보렴.

너는 언젠가 최고가 될 것이라고 자부했지. 하지만 너는 단순한 쇼를 원했어. 많은 것을 알고 있다고 자랑했지만, 그것은 결국 갈 길이 멀다는 사실을 증명해줄 뿐이었지. 너는 신선한 12개월을 활용할 수 있었어. 그중 얼마나 많은 시간을 기회와 도전을 위해 사용했니? 왜 또 헛되이 그 시간들을 보내버렸니? 우수사원 목록에 네 이름은 없다. 그 이유를 설명해보렴. 기회가 없었던 것이 아니야. 여느 때와 마찬가지로 너는 행동하지 않았던 거지.

'더 많은 말'보다 '더 많은 행동'

호주머니에 두 손을 꽂고 있는 사람이 성공할 수 있을까? 성공은 손을 부지런히 움직이는 사람, 발을 부지런히 움직이는 사람, 머리를 부지런히 움직이는 사람에게 온화한 미소를 보내는 법이다.

나는 한 골프 선수가 말한 자신의 성공 비결에 무척 공감한 적이 있다. PGA 대회에서 우승한 이후 기자가 골프를 잘 치는 비결에 대해 묻자, 그는 짧고 멋진 대답을 했다.

"연습을 많이 했으니까 잘하는 것이지요."

어쩌면 너무나 당연한 대답이지. 하지만 그 대답이 매력적인 이유는 열심히 노력하는 '행동'이 자신을 나타내는 명함이 된다는 사실이란다.

'나는 왜 공부를 못할까?'라는 생각은 하면서 '나는 왜 말이나 생각뿐만 아니라 행동으로 공부하지 않았을까?'라는 생각은 못 하는 것은 아닌지 모르겠구나.

다이애나 본 웰레네츠와 같은 후회는 하지 말아야겠지.

"나는 내 인생의 마지막 순간, 지나온 세월을 돌아보기 전에 이렇게 말하리라는 것을 안다. '젠장, 내가 더 많이 행동했어야 했는데…….'"

'더 많은 말'보다 '더 많은 행동'. '더 많은 계획'보다 '더 많은 행동'. 행동이 인생의 모든 문제를 해결해줄 든든한 후원자라는 사실을 명심하렴.

성공한 사람은 '열정'을 30년간 품는다

"열정은 작은 씨앗이다. 가슴속에 심어두고 자주 보살피면 훗날 내 인생을 가장 크고 푸른 소나무로 만들어줄 작은 씨앗."

인생에서 가장 중요한 연료는 열정이다

요즘 예전에는 없던 새로운 형태의 음식점들이 많지? 대표적인 죽 전문점 '본죽'도 그 가운데 하나다.

본죽의 김철호 사장은 IMF 때 자신이 경영하던 사업체가 부도 나자, 한 걸음 앞으로 내디딜 힘조차 없었다고 한다. 하지만 이대로 무너질 수는 없는 노릇. 그는 남들이 전혀 시도하지 않은 분야에 도전해보자고 다짐했지. 지금 힘든 것은 '원하는 것을 얻기 위한 인생의 수업료'라고 생각하며 용기를 냈다.

왜 하필 죽집을 하냐고 묻는 이들에게 그는 대답했다.

"남들이 하지 않은 일이니까요. 그렇기에 열정만 있다면 무슨 일이든 할 수 있습니다."

김철호 사장은 나름대로 승산이 있다고 생각했다. 웰빙(well-being) 시대에 맞게 건강에 좋은 음식이고, 집에서 만들지 않으면 어디에서도 쉽게 먹을 수 없는 음식이기에 성공에 대한 확신이 있었지.

반년 넘게 죽만 만들고 먹으면서 죽 본연의 맛을 개발했고, 식당의 이름도 죽의 근본에 충실하자는 뜻에서 '본(本)죽'으로 지었다. 본죽은 이제 전국 470여 점포에서 하루 4만 7,000그릇이 넘게 팔려나갈 정도로 성공했다. 김철호 사장이 성공한 원인이 무엇일까? 그것은 '열정'이다.

이처럼 인생에서 가장 중요한 연료는 바로 열정이다. 휘발유나 경유가 없으면 자동차가 움직이지 않듯이 사람은 열정이 없으면 결코 성공할 수 없는 법이지.

주타번이 말한 열정의 힘을 느껴보렴.

"물은 끓은 뒤에 수증기를 발생시킨다. 엔진은 증기 게이지가 212 ℃를 가리키기 전에는 1인치도 움직이지 않는다. 열정이 없는 사람은 미지근한 물로 인생이라는 기관차를 움직이려 드는 사람이다. 이때 일어날 수 있는 오직 한 가지 현상. 그는 멈춰버리고 말 것이다. 열정은 불 속의 온기이자 살아 있는 모든 존재의 숨결과 같은 것이다."

세상은 하나의 무대다. 안타까운 것은 모두 적극적으로 연기하는 연기자는 아니라는 사실이지. 많은 사람들이 자신의 일이 저절로 이뤄지기를 바란다.

우리가 피로에 젖어 있고 걱정에 휩싸일 때 가장 효과적인 피로회복제가 무엇일까? 그것은 바로 열정이라는 드링크다. 그 드링크를 등교할 때, 수업이 시작될 때, 꿈을 위해 노력할 때, 하루를 마감할 때 한 모금씩 마셔보렴.

현재의 성적이 아니라 즐기는 것이 중요하다

《논어(論語)》에서 공자는 '열정이 있는 사람은 자신의 일을 좋아하는 것을 넘어서 그 일을 즐기는 사람'이라고 했다.

성적은 1등이지만 공부할 때는 도살장에 끌려가는 듯한 자세로 공부하는 친구와 지금은 10등이지만 공부할 때마다 즐거운 친구. 둘 중에 누가 훗날 인생의 승리자가 될까? 운동선수나 연예인도 마찬가지다. 지금 잘하기만 하는 사람과 그것을 좋아하고 즐기는 사람 가운데 누가 인생의 월계관을 쓸까? 열정이란 이처럼 지금 하는 일과 서 있는 그 자리를 좋아하고 즐기는 것이다.

물론 누구에게나 열정이 있다. 문제는 그것이 얼마나 지속되는 가 하는 것이지. "누구에게나 열정은 있다. 다만 어떤 이는 그 열정을 30분밖에 유지하지 못하고, 어떤 사람은 30일밖에 유지하지 못하지만, 성공한 사람은 그 열정을 30년간 유지한다"는 어느 철학자의 말처럼 말이야.

열정은 작은 씨앗이다. 가슴속에 심어두고 자주 보살피면 훗날 네 인생을 가장 크고 푸른 소나무로 만들어줄 작은 씨앗 말이야. 지금 서 있는 바로 그 자리에서 열정이라는 작은 씨앗을 심는 네가 되기 바란다.

성공의 지름길,
메모의 기술

"언제 어디서든 메모할 준비가 되어 있는 습관, 중요한 것을 잘
정리하는 메모의 기술로 나를 업그레이드한다."

적는 자만이 살아남는다

좋은 아이디어나 창의적인 생각은 번개처럼 왔다가 지나간다.
그렇다면 이것들을 잘 낚아채는 방법은 무엇일까? 바로 메모다.

성공한 사람들에게 '메모'라는 공통적인 습관이 있는 이유는
무엇일까? 메모는 두뇌를 홀가분하게 해주는 최고의 도우미다. 기
억해야 할 것은 메모라는 도우미에게 맡기고, 나머지 두뇌로 창의
적이고 좋은 생각을 했기에 그들은 성공할 수 있었지. 또 메모를 해

두면 약속이나 지식을 기억하기 위해 투자하는 시간을 줄일 수 있어 일석이조다.

미국의 43대 대통령 빌 클린턴은 〈뉴욕 타임스〉와 인터뷰하면서 자신의 메모 습관에 대하여 말했다.

"거의 평생 매일 밤마다 잠자리에 들기 전, 그날 만난 사람들의 명단을 카드에 적고 모임과 관련된 중요한 통계와 시간, 장소, 기타 중요한 정보들을 잊지 않도록 적절히 메모했다."

지금은 무한 경쟁 사회다. '적자생존' 의 세상이지. 누군가는 적자생존의 세상을 메모에 빗대어 이렇게 풀이하더구나.

'적는 자만이 살아남는다.'

톡톡 튀면서도 정곡을 찌르는 말이다.

우리가 메모해야 하는 또 다른 이유는 사람의 기억에는 한계가 있기 때문이다. 통계에 따르면 사람은 들은 것을 한 시간 이내에 90%나 잊어버린다고 한다.

루이스 캐럴(Lewis Carroll)의 대표작 《이상한 나라의 앨리스》에 보면 한 왕이 다음과 같이 말하는 대목이 있다.

"아무도 모를 거야, 그 순간의 공포를. 나는 그 공포를 결코 잊을 수 없을 거야."
그 말을 듣고 있던 왕비가 대꾸했다.
"그것을 지금 당장 메모하세요. 그렇지 않으면 그 공포마저도 잊어버릴 거예요."

적는 자만이
살아남는다

이처럼 사람은 기억할 수 있는 시간과 용량에 한계가 있다. 그것을 보완할 수 있는 유일한 방법이 메모인 셈이지.

코미디언에서 시사 프로그램 진행자로 변신한 김미화 씨는 자신의 성공 비결이 메모에 있다고 말했다.

"메모는 지금 당장 필요한 에너지원이 아닐지라도 언젠가 꼭 활용할 수 있다는 점에서 종합비타민과 같은 존재입니다."

김미화 씨가 20년 동안 써온 노트와 수첩이 무려 100권이 넘는다고 하니 정말 대단하지 않니?

엉킨 두뇌를 심플하게! 메모의 기술

물론 메모를 꼭 수첩이나 노트에 할 필요는 없다. 2002년 한일월드컵에서 우리나라가 4강 신화를 이루는 데 큰 역할을 담당한 거스 히딩크(Guus Hiddink) 감독은 중요한 말을 노트에 메모하는 대신 녹음기를 가지고 다녔고, 잭 웰치는 식당에서 순간순간 떠오르는 아이디어를 냅킨에 메모했다고 한다. 요즘 회사에서는 포스트 잇을 이용하는 사람이 많고, 컴퓨터나 PDA에 기록해두는 사람도 부쩍 늘어났다.

메모를 하기 위해 무엇을 사용하는지는 중요하지 않다. 대신 호주머니에는 항상 그때그때 적을 수 있는 무언가가 있어야 한다. 그것이 종이든 포스트잇이든 수첩이든 말이다. 메모할 것을 가지고 다니기 어렵다고 말하지 마라. 링컨은 호주머니가 없는 옷을 입는 날이면 모자 속에 볼펜과 종이를 넣어두었을 정도니까.

너의 뇌를 기억해야 할 것, 시간 약속 등으로 복잡하게 엉킨 채 놔두어서는 안 된다. '언제 어디서나 메모할 준비가 되어 있는 습관, 언제 어디서나 메모하는 습관. 별표 두 개, 밑줄 쫙 그으며 중요한 것을 정리하는 메모의 기술.' 이런 것들이 너를 한 단계 업그레이드된 인재로 만들어줄 거야.

집중력은
어떤 난관도
헤쳐나갈 수 있는 힘이다

"집중력이야말로 농축된 노력으로 가장 큰 효과를 거둘 수 있는
'성공 엘리베이터'다."

집중력은 최고의 성공DNA다

하늘을 보렴. 눈부시게 빛나는 태양은 무한한 에너지를 가진 존
재지. 지구와 1억 4,960만 km나 떨어져 있으면서도 어마어마한 열
기를 내뿜으니 말이야. 하지만 우리는 간단하게 햇빛을 막을 수 있
지. 모자를 쓰거나, 자외선 차단제를 바르거나, 짧은 옷으로 갈아
입으면 햇빛은 우리에게 치명적인 피해를 입히지 못하니까.

햇빛에 비하면 레이저 광선은 한없이 작고 약한 에너지다. 레이

저는 우리와 가까운 곳에 있어도 뜨겁거나 강렬한 열을 내뿜지는 않는다. 하지만 이런 레이저도 한 곳에 집중해서 오랜 시간 비추면 다이아몬드를 깎아내고, 사람의 몸속에 있는 암까지 파괴할 수 있지. 레이저는 집중하는 것이 얼마나 중요한지 잘 보여준다.

집중력(concentration)은 바로 힘이다. 돋보기로 햇빛을 모아 한 점에 집중하면 불이 확 붙는 것처럼, 집중력은 인생을 활활 타오르게 만드는 결정적 힘이다. 집중(focus)이란 단어는 사전에 보면 '사물의 모습이 가장 잘 드러나도록 하는 그 사물의 위치점'이라고 정의되어 있다.

인간경영학의 대가 데일 카네기는 집중력에 대해 다음과 같이 이야기했다.

"집중력은 성격을 만드는 원동력이다. 사물에 집중할 수 없다면 아무리 뛰어난 재능이 있어도 언제까지나 싹을 틔울 수가 없다. 사람들은 대개 아직도 사용법을 모르는 재능을 수없이 많이 가지고 있다고 단언해도 좋을 것이다. 가령 교양있고 판단력이 확실하고 사려가 깊다 해도 온 정신을 집중하여 사고하고 행동하는 법을 알지 못하면 숨어 있는 재능의 존재는 아무에게도 알려질 수 없다. 본인마저도 모르는 것이다."

집중한 상태란 '여러 가지 생각이 서로 방해하지 않고, 오직 한 가지 생각에 몰두한 상태'를 말한다. 성공하는 사람은 어떤 일을 할 때 그 일에만 신경 쓰기 때문에 시간도 적게 걸리고 효과는 배가 되지.

만유인력의 법칙을 발견한 아이작 뉴턴(Isaac Newton)은 '집중력의 천재'로 칭송받았다. 그는 무수히 많은 발견과 발명을 할 수 있었던 원동력을 간단히 설명한다.

"나는 언제든 그것을 발명해낼 때까지 곰곰이 생각했습니다. 그와 같은 문제를 앞에 제시해놓고 새벽에 한 줄기 빛이 비춰들어 그것이 점차 밝아져서 정말로 분명해질 때까지 참을성 있게 기다렸습니다. 즉 집중하고 있으면 언제든 해답이 나왔습니다. 바로 집중력이 제가 가진 가장 큰 힘이죠."

집중력은 타고나는 것이 아니라 만들어진다

집중력은 타고나는 것이 아니라는 사실이 우리에게 희망을 주지 않니? 연습을 통해서 기를 수 있는 집중력. 그 방법을 알아볼까?

첫째, 무슨 일을 하든 억지로 하는 것이 아니라 즐거운 마음으로 하는 것이다. 할 수 있다고, 재미있다고 생각하는 것만으로도 집중력은 향상된다.

둘째, 집중할 수 있는 외적 환경을 만드는 것이다. 공부하는데 책상이 어수선하다면 공부에 필요한 물품들로만 정리해두는 것,

MP3로 음악을 들으면서 공부하지 않는 것이지. 꼭 음악을 들어야 한다면 속도가 느린 클래식 음악이 낫다는 연구 결과도 있다.

셋째, 작은 집중력에서 시작하여 점차 큰 집중력으로 연습하는 것이다. 처음에는 10분 동안 오직 한 가지에 집중해보다가 점차 시간을 늘려가는 방법이지. 오랜 시간 집중한 뒤에는 10분 정도 뇌에 휴식을 주는 것도 집중력을 높이는 방법이다.

기억력이 나쁘다고 말하는 친구를 볼 때가 있지. 그런데 이런 평계를 대는 사람은 기억력이 나쁜 것이 아니라 집중력이 부족한 경우가 대부분이다.

집중력이야말로 농축된 노력으로 가장 큰 효과를 거둘 수 있는 '성공 엘리베이터' 다.

인생은
곧 시간이다

"시간은 저축할 수가 없다. 잃어버린 시간을 되찾을 수도 없다.
누군가에게 빌릴 수도 없다. 그래서 소중한 것이다."

시간은 가꾸기에 따라
다이아몬드도 되고, 숯도 된다

지금 86,400원이 있다면 무엇을 하겠니? 길거리에 뿌리거나 쓰
레기통에 버리겠니? 당연히 그러지 않을 거라고 대답하겠지? 그런
데 세상엔 그런 사람이 참 많단다.

'86,400'이라는 숫자를 돈이 아니라 시간, 즉 초로 계산해보자.
60초×60분×24시간 = 86,400초. 우리는 날마다 '86,400초'라는

빳빳한 시간을 선물받는 셈이지. 그런데 이 시간을 아무렇지도 않게 낭비하는 사람이 너무나 많다.

한 초등학생이 학교에서 돌아오자마자 엄마에게 무슨 큰일이라도 난 것처럼 호들갑을 떨면서 말했다.

"엄마 엄마, 오늘 대단한 사실을 알아냈어요."

"어떻게 알아냈니?"

"선생님께서 가르쳐주셨어요."

"그래, 어떤 것인데?"

엄마가 묻자 아이는 신기하다는 듯이 말했다.

"이승엽 선수나 빌 게이츠, 조앤 롤링(Joanne Kathleen Rowling), 심지어 대통령에게도 모두 나처럼 똑같이 하루에 24시간이 주어진 대요."

이 초등학생의 발견, 새삼스러울 것도 없는 일이지만 참 놀라운 발견 아니니?

숯과 다이아몬드의 원소가 똑같이 탄소라는 사실을 아는지 모르겠구나. 원소는 똑같지만 하나는 세상에서 가장 아름다운 다이아몬드가 되고, 하나는 보잘것없는 검은 덩어리가 된다는 사실!

마찬가지다. 누구에게나 매일 똑같이 주어지는 24시간이라는 원소. 하지만 그것을 다이아몬드로 만드느냐, 숯으로 만드느냐는 바로 너의 선택에 달려 있다. 삶은 다이아몬드라는 아름다움을 통째로 선물하지 않는다. 단지 가꾸는 사람에 따라 다이아몬드가 될 수도 있고, 숯이 될 수도 있는 씨앗을 선물할 뿐이지.

미국의 저명한 교육학자 호레이스 만(Horace Mann)은 시간의 중요성을 위트 있게 역설했다.

분실 공고
일출과 일몰 사이에 나는 두 시간을 잃어버렸습니다. 그것은 각기 '분'이라 불리는 60개의 다이아몬드로 구성되어 있습니다. 하지만 나는 그것을 찾아주신 분께 드릴 현상금이 얼마인지는 제시할 수가 없습니다. 왜냐하면 그것은 내 인생에서 영원히 잃어버린 것이기 때문입니다.

시간 도둑에게서 내 인생 지키기

인생을 갉아먹는 시간 도둑에게서 자신을 지켜내야 한다.

시간 도둑은 언제나 "나중에 해도 돼"라는 달콤한 말로 너를 유혹한다. 그 유혹은 현재의 편안함을 주기에 우리는 쉽게 넘어가지. 시간 도둑은 참 약삭빠르단다. 언제나 너를 한꺼번에 무너뜨리지 않고, 가랑비에 옷 젖듯 서서히 네 인생을 망쳐가거든. 시간 도둑의 작전에 휘말렸다는 사실을 깨달았을 때는 인생이 한꺼번에 허물어진 다음이다.

시간은 저축할 수 없다. 잃어버린 시간을 되찾을 수도 없다. 누군가에게 빌릴 수도 없다. 그래서 시간이 소중한 것이며, 시간은 곧 인생이다.

이제 너의 친구 시간은 '지금'이 되어야 해. 무슨 일을 해야 할 때, 어떤 일을 해야겠다고 마음먹었을 때, 네 마음과 입에서 '지금'이라는 말이 나오지 않는다면 네 인생은 슬픈 인생으로 접어들기 시작한 상태란 걸 명심하렴.

박.성.철. 선.생.님.의. 클래식 음악 이야기

클래식 음악은 마음을 고요하게 한다. 비단 사람의 마음뿐만 아니라 식물이나 동물에게도 안정을 주지. 간혹 농부들이 꽃이나 야채를 재배할 때 클래식 음악을 들려주는 것도 더 건강한 꽃과 야채를 수확하기 위해서란다.

수백 년 전에 작곡된 음악이 어떻게 사람의 마음을 평안하게 하고 동식물의 생장을 돕는 걸까? 그것은 바로 클래식 음악에는 누구나 공감할 수 있는 감동이 있기 때문이다. 그 감동이 정서를 안정시키고 사고력을 발달시키는 것은 물론, 신체의 발달에도 도움을 준다는구나.

그러면 흔히 어렵다고만 생각하는 클래식 음악을 어떻게 들어야 할까? 오랫동안 청소년을 대상으로 클래식 음악 연주회를 열고 있는 아름다운오케스트라 윤희수 단장님은 그저 "많이 들으면 된다"고 말씀하시는구나. 단장님이 지은 책《교과서에 나오는 클래식 음악 100》에서 선정한 곡들로 클래식 음악 듣기에 도전해볼까?

◎

◎

가장 힘든 순간을 극복하고 얻은 영광   클래식 음악
에 문외한이라 해도 베토벤 교향곡 제5번 '운명'은 한번쯤 들어보았을 거다. 아니 곡명은 모르더라도 '타타타탄' 하는 웅장한 울림은 익숙하지 않을까? 베토벤 최고의 명곡으로 꼽히는 '운명' 교향곡의 이 익숙한 네 음을 두고 베토벤은 "운명은 이같이 문을 두드린다"고 설명했다. 운명의 문을 두드리고 새로운 시대정신을 열어가려는 굳센 의지의 상징이지.

베토벤과 함께 고전음악의 대표주자로 거론되는 모차르트의 작품 중에 '운명'과 비견되는 곡이 있다. 바로 모차르트 교향곡 제41번 '주피터'지. 청순하면서도 풍부한 정감이 격조 높게 표현되는 이 곡은 모차르트가 슬럼프에 빠진 시기에 만들었다고 한다. 그 고통과 궁핍, 절망적 외로움을 승화시킨, 대가의 의지가 느껴지는 곡이지. 모차르트 피아노 협주곡 제21번도 빼놓을 수가 없겠구나. 대중이 모차르트를 두고 "매너리즘에 빠졌다"며 손가락질할 때 모차르트는 어느 곡보다 완성도 높은 이 작품을 발표해서 그 비난을 잠재웠다.

완성되지 못했지만 더없이 완벽하다는 평가를 받는 곡도 있다. 바로 슈베르트 교향곡 제8번 '미완성'이지. 슈베르트가 죽고 나서도 37년이나 지나 발견된 이 곡은 2악장까지만 완성되어 있었다고 한다. 후세 작곡가들이 나머지 2악장을 완성하려 했지만 모두 실패하고 말았지.

◎

◎

자연의 숨소리를 듣다

음악은 내면의 세계를 묘사하는 데 탁월한 재주가 있지. 인간의 의지를 표현한 예도 그렇지만, 우리가 살아가는 자연의 숨소리를 들려주기도 한다. 그중 대표적인 곡이 봄, 여름, 가을, 겨울의 특징을 명확히 표현한 비발디 바이올린 협주곡 '사계'다. 자연의 모습뿐만 아니라 농부와 목동의 삶이 전원 드라마처럼 펼쳐지지. '사계'가 사계절의 변화를 묘사했다면, 베토벤 교향곡 제6번 '전원'은 한순간의 전원 풍경을 그리고 있다. 전원에 도착했을 때의 감정, 농부들과 보낸 즐거운 한때, 갑작스런 소낙비와 그 후의 평화로운 정경이 이어지는데, 마치 꿈을 꾸는 듯 편안한 기분을 선사한다.

파헬벨의 카논과 지그는 표현 형식 자체가 자연의 숨소리를 닮은 곡이다. 한 성부가 선율을 연주하면 잠시 후 다른 성부가 따라 하는 식의 돌림노래 형식으로, 마치 사계절이 순환하듯 운명적인 아름다움을 느낄 수 있지.

자연의 숨소리 하면 동물의 역동적인 모습을 빼놓을 수 없겠지? 생상스의 〈동물의 사육제〉를 들어보렴. 모두 15곡으로 구성되어 있는데, 닭이나 당나귀, 거북, 코끼리, 캥거루, 수족관, 뻐꾸기 등 동물들의 특징을 음악으로 표현한 대표적인 작품이다.

◎

◎

나누는 기쁨을 노래하다

해마다 연말이면 '자선음악회' 란 이름으로 열리는 연주회가 많지? 음악을 통해 어려운 이웃을 생각하자는 거야. 이처럼 자선을 위한 공연에 단골로 연주되는 곡도 있다. 헨델의 오라토리오 〈메시아〉지. 이 곡은 개인의 작품이라기보다는 '서양 문명의 기념비' 라고 불린다. 처음 이 곡을 연주했을 때 이익금을 사회사업에 기부했을 뿐만 아니라, 헨델이 고아를 위한 병원을 건립하고자 이 곡을 10여 차례나 연주한 데서 유래했다고 한다. 하이든도 이 곡에 감명을 받아서 〈천지창조〉를 지었다는구나.

베토벤 교향곡 제9번 '합창' 또한 헨델의 〈메시아〉와 더불어 연말에 자주 연주되는 곡이다. '합창' 교향곡은 인류의 평화를 갈망하는 강력한 메시지를 담고 있다. 이 작품을 만들고 초연할 당시 베토벤은 완전히 귀머거리 상태였다고 한다. 건강이 악화되었을 뿐만 아니라 경제적으로 최악의 상황이었음에도 마음속 깊은 곳의 환희를 끌어낸 곡이지.

인간의 역사를 노래하다

역사는 모든 장르의 창작 예술에 영감을 제공한다. 문학이나 연극, 미술 등의 장르도 그렇지만, 특히 음악에서 역사를 소재로 하는 경우가 많지. 이는 음악에 대중의 감정을 하나로 묶는 독특한 기능이 있기 때문이지. 같은 경험을 같은 감정과 노래로 부르면 '우리는 같은 편'이라는 생각이 커지게 마련이다. 운동회에서 청팀과 백팀으로 나눠 응원가를 부르는 것을 생각하면 이해하기 쉬울 것이다.

클래식 음악에도 작곡가가 태어난 국가나 민족의 동질성을 노래한 곡들이 많다. 로시니 오페라 〈윌리엄 텔〉은 1207년 오스트리아의 지배 아래 있던 스위스 사람들의 아픔을 노래한 것이다. 러시아 작곡가 차이코프스키의 〈서곡 1812년〉은 60만 대군을 이끌고 러시아를 침공한 나폴레옹을 격퇴한 영광을 묘사한 곡이지.

위 두 곡이 역사적 사건을 직접 노래로 표현한 것이라면, 쇼팽의 '마주르카'와 '폴로네즈', 스메타나 교향시 〈나의 조국〉은 그 지역의 풍토를 음악으로 살려낸 작품이라고 할 수 있다.

역사를 노래한 이런 음악들을 듣다 보면 책 속 지식이 결코 전해주지 못하는 그 민족의 '정서'를 느낄 수 있을 것이다.

환경을 탓하기 전에 부족한 의지를 탓하라

●

간절히 바라고 상상하면 이뤄진다

●

홀로 가는 것이 아니라 '함께 가는' 것이다

●

크고 명확한 목표가 성공을 가져온다

●

나만의 '성공 방정식'을 만들어라

●

가장 먼저 사랑하고 가장 나중까지 사랑하라

●

시선을 현재가 아닌 미래에 두어라

세계로 품어라

浩然之氣
호연지기

환경을
탓하기 전에
부족한 의지를 탓하라

"좋지 않은 환경을 디딤돌로 생각하고 성공을 따낼 것인가, 걸림돌로 생각하고 넘어질 것인가."

성공 여부는 환경이 아니라 생각의 크기에 달렸다

예전에 많은 사람들의 호평을 받은 기업 광고가 떠오른다.

"아무도 이 사람을 '시골 구멍가게 둘째 딸'로 기억하지 않습니다. 우리는 이 사람을 '영국병을 고친 철의 여인 대처'로 기억합니다."

시골 구멍가게의 둘째 딸에서 영국 최고의 정치가가 된 마거릿 대처(Margaret Thatcher) 전 수상은 환경이 결코 사람을 지배할 수 없다는 것을 잘 보여주었지. 미국의 시사 주간지 《타임(Time)》은 대처를 '20세기의 인물 100인' 가운데 한 사람으로 뽑기도 했다. 《타임》지는 그녀를 이렇게 평가했어.

'20세기 이상주의자들에게 너무나 큰 실망을 안겨주었던 모든 고통은 갈수록 부각되고 있다. 21세기, 새로운 천년을 맞이하는 세계가 좀더 현명해진 데는 구멍가게 딸이 기여한 바가 적지 않다.'

공부를 못하고, 노력해도 안 되는 이유. 부족하고, 어떤 일을 해도 잘 못하는 이유. '가정 형편이 어려워서', '시간이 부족해서', '머리가 나빠서' 등 수십 가지 핑계를 대는 친구들을 자주 본다. 이 커다란 핑계의 무덤은 실패한 인생으로 가는 지름길이다.

데이비드 슈워츠(David J. Schwartz)는 '핑계 박사'가 된 너희에게 일침을 놓는 말을 했다.

"성공의 여부는 키나 체중, 학벌, 집안 배경으로 판단되지 않는다. 그것은 그들의 생각의 크기에 따라 판단된다."

정말 그럴까? 환경이 결코 인생을 결정지을 수 없다는 사실을 알려줄게. 지금 당장 서점으로 나가서 인생의 최고 성공 반열에 오른 유명인들의 자서전을 펼쳐보렴. 그들은 부잣집에서 태어나 실패 한 번 하지 않고 탄탄대로를 걸어왔을까?

위대한 사람들의 자서전에는 사람들이 흔히 이야기하는 좋지 않은 환경, 많은 사람들이 늘 자신이 실패하는 이유로 돌리던 환경을 극복해낸 이야기로 가득 차 있을 거야. 즉 성공한 사람들은 좋지 않은 환경을 디딤돌로 생각하고 성공을 따낸 사람이고, 실패한 사람들은 좋지 않은 환경을 걸림돌로 생각하고 성공의 눈앞에서 넘어진 사람이다.

그들이 불가능하다고 말할 때,
유럽의 장신 선수들 틈에서
오래 버티지 못할 거라 생각할 때
나는 나의 가능성을 믿었다

4개 국어를 능숙하게 하는 세계적인 피아니스트 니콜라스 콘스탄티니디스(Nicholas Konstantinidis)는 시각 장애인이다.

왼쪽 안면 근육이 마비되어 한쪽 귀가 들리지 않고 발음도 불분명하지만 캐나다의 제20대 총리가 된 사람이 있다. "말은 잘 못하지만 거짓말은 안 한다"는 장 크레티앵(Jean Chrétien) 총리다.

학교에서 퇴학을 당하는 바람에 신경쇠약에 걸려 자살을 시도한 사람이 있다. 하지만 그는 전 세계를 대표하는 작가가 되었다. 그는《데미안》,《수레바퀴 밑에서》로 유명한 헤르만 헤세(Hermann Hesse)다.

자동차 사고로 왼팔을 잃었으나 멋진 연주 솜씨를 뽐내는 드러머가 있다. 그는 외팔 드러머 릭 앨런(Rick Allen)이다.

소아마비에 걸린 프랭클린 루스벨트는 미국인들이 존경하는 대통령 가운데 한 명이 되었다.

감옥에 갇혀 있던 대니얼 디포(Daniel Defoe)는 작가가 되어 불후의 명작《로빈슨 크루소》를 남겼다.

이제 네가 핑계 대던 이유가 얼마나 작고 부질없는 것인지 알겠지? 만일 네가 못하고 안 된다면 그것은 환경 탓이 아니라 부족한 의지 탓이라는 사실을 잊지 말아야 한다.

환경을 이겨내는 힘은 의지다

환경을 이겨낼 수 있는 슈퍼 에너지를 가진 것이 바로 '의지' 다. 환경은 결코 너의 의지를 막을 수 없다. 강한 의지가 큰 성공을 불러오는 법이지. 어떤 환경도 네 인생을 가로막는 장벽이 될 수 없다는 사실을 늘 기억하렴.

떠도는 양치기로 머물 수도 있었지만, 마침내 대륙의 황제가 된 칭기즈 칸(Chingiz Khan)의 시가 평계의 무덤을 없애는 데 도움이 되었으면 좋겠구나.

집안이 나쁘다고 탓하지 마라.
나는 아홉 살 때 아버지를 잃고 마을에서 쫓겨났다.

가난하다고 말하지 마라.
나는 들쥐를 잡아먹으며 연명했고,
목숨을 건 전쟁이 내 직업이고 일이었다.

작은 나라에서 태어났다고 말하지 마라.
그림자말고는 친구도 없고 병사로만 10만,

백성은 어린애와 노인을 합쳐 200만도 되지 않았다.

배운 게 없다고, 힘이 없다고 탓하지 마라.

나는 내 이름도 쓸 줄 몰랐으나

남의 말에 귀 기울이면서 현명해지는 법을 배웠다.

너무 막막하다고, 그래서 포기해야겠다고 말하지 마라.

나는 목에 칼을 쓰고도 탈출했고,

뺨에 화살을 맞고 죽었다 살아나기도 했다.

적은 밖에 있는 것이 아니라 내 안에 있었다.

나는 내게 거추장스러운 것은 깡그리 쓸어버렸다.

나를 극복하는 그 순간 나는 칭기즈 칸이 되었다.

간절히 바라고
상상하면 이뤄진다

> "인간의 생각은 마치 자석과 같다. 자꾸 생각하고 꿈꾸면 그것은
> 자석처럼 자신의 삶으로 가까이 다가온다."

자신의 꿈이 이뤄지는 것을 상상하라

오 사다하루(王貞治)는 일본 프로야구의 역사적인 인물이다. 프로야구 선수 시절, 홈런을 무려 868개나 때려낸 홈런왕이지. 그에게는 다른 사람들이 모르는 홈런의 비결이 있다는 소문이 자자했어. 한 스포츠 신문 기자가 그 비결을 알아내기 위해 무던히 노력했지만 알아낼 수가 없었다는구나. 그러다가 오 사다하루와 인터뷰를 하면서 마침내 그 비결을 알아냈다.

경기를 앞둔 오 사다하루가 가만히 눈을 감고 있는 것을 보고 기자가 물었지.

"지금 무슨 생각을 하십니까?"

"홈런을 날린 뒤 관중의 우레와 같은 박수를 받으며 홈을 밟는 나를 상상하고 있습니다."

그렇다. 홈런왕 오 사다하루의 비결은 늘 자신이 원하는 바를 상상하고 간절하게 꿈꿔왔다는 것이다.

1984년 로스앤젤레스 올림픽 4관왕을 시작으로 서울, 바르셀로나, 애틀랜타까지 4회 연속 올림픽에 출전하여 금메달 아홉 개를 딴 육상선수 칼 루이스(Carl Lewis)도 오 사다하루와 비슷한 마인드를 가지고 있었다. 머리를 짧게 자른 칼 루이스가 트랙에 나타나면 모든 사람들이 열광했지. 그야말로 '육상의 살아 있는 전설'이었다.

그는 자신이 성공한 것은 실제 금메달을 따기 전, 상상 속에서도 늘 금메달을 땄기 때문이라고 이야기했다. 출발점에 섰을 때부터 결승점에 골인하는 자신의 모습을 상상했다는구나. 결승 테이프를 끊고 두 손을 번쩍 들며 1위로 골인하는 자신의 모습을 상상하면 가슴속에 자신감이 가득 찼고, 그것은 늘 현실이 되었다는 거지.

"성공한 자신의 모습을 마음속에 분명히 각인하라. 절대로 그 그림을 놓치지 마라. 절대로 그 그림이 바래지 않게 하라. 그러면 당신 마음이 그 그림을 발전시킬 것이다."

미국의 유명한 목회자 노만 빈센트 필(Norman Vincent Peale)이 한 말이야.

꿈을 꿀 수 있다면 이룰 수도 있다

상상력의 힘은 네가 생각하는 것보다 훨씬 강하다. 상상력은 부정적인 쪽으로 생각하면 그쪽으로 힘을 발휘하고, 긍정적인 쪽으로 생각하면 그쪽으로 힘을 발휘하지. 이렇게 자신의 꿈이 이뤄지는 장면을 그려보는 것은 성공의 걸음마에 해당한다. 성공하는 사람의 인생에는 항상 마음의 그림이 그려져 있단다.

자신의 꿈을 그려보는 마음의 그림에는 법칙이 하나 있다.

'할 수 있는 한 자주, 크고 선명하게, 오랫동안.'

이 법칙을 충실하게 이행하는 동안 점점 꿈을 닮아가는 네 모습을 발견할 거야. 클로드 브리스톨(Claude M. Bristol)이 《신념의 마력(The Magic of Believing)》에서 여러 번 반복한 말이 있다.

자신이 원하는 것, 되고 싶어하는 것을 확실하게 그려라. 그리고 그것이 실현된다고 확신하라. 그렇게 하다 보면 진짜 이뤄지는 놀라운 경험을 할 것이다.

인간의 생각은 마치 자석과 같다. 자꾸 생각하고 꿈꾸면 그것은 자석처럼 자신의 삶으로 가까이 다가오지.

'If you can dream it, you can do it.'

당신이 꿈꿀 수 있다면, 당신은 그것을 이룰 수 있다.

미국의 디즈니랜드 입구에 새겨져 있는 이 말. 너의 책상 앞에, 너의 가슴과 머릿속에 커다랗게 붙여두어야 할 최고의 명언이 아닐까?

홀로 가는 것이 아니라
'함께 가는' 것이다

"나는 1인칭으로 나의 성과를 부르는 것이 정말 싫다. 지금까지 내가 이룬 것은 다른 사람들이 있었기에 가능한 일이기 때문이다."

'팀'은 함께 성취한다는 뜻이다

팀이 어떤 의미인지 정확하게 알고 있니? 단지 하나의 집단, 하나의 모임을 의미한다고 알고 있다면 그 개념을 정확하게 파악하지 못한 것이다.

팀(TEAM)은 'Together Everyone Achieve More', 즉 '모두 함께 좀더 많은 것을 성취한다'는 뜻이지. 한 사람의 노력으로 목표를 성취할 수 있는 집단이 아니라, 팀원 모두 함께 노력할 때 공동

의 목표를 성취할 수 있는 집단이 팀이다.

1969년 7월 20일(한국 시간으로는 7월 21일), 아폴로 11호의 착륙선
이글호가 달에 착륙하고 닐 암스트롱과 에드윈 올드린(Edwin E.
Buzz Aldrin Jr.)이 달을 밟기 6개월 전. 미국항공우주국(National
Aeronautics and Space Administration, NASA) 연구원들은 우주왕복
선을 개발하는 데 박차를 가하고 있었어. 연구원 한 사람이 잠시 쉴

마음으로 복도에서 커피를 마시는데, 복도 저 끝에서 청소부가 청소를 하며 연구원이 있는 쪽으로 다가왔다는구나.

연구원은 땀을 뻘뻘 흘리며 열심히 청소를 하는 그에게 말을 걸었어.

"잘 지내지? 힘들지 않은가?"

"아뇨, 힘들긴요."

"청소를 무척 열심히 하는군."

"네, 당연히 그래야죠. 우리 모두 인간이 달에 가는 데 성공하도록 노력해야잖아요."

이것이 팀원이 갖춰야 할 자세다. 연구원뿐만 아니라 청소부까지도 팀을 이루어 달에 가기를 간절히 바라고 최선을 다했기에 NASA는 달에 사람을 보낼 수 있었던 거지.

'나 때문에 성공했다', '나 때문에 승리했다'는 자기중심주의에 빠진 사람들이 있다. 그런 마음은 결국 팀을 무너뜨리고 자신마저도 무너뜨리는 악성 종양이다.

윈윈전략(win-win strategy)이라는 것이 있다. 1991년 미국의 국방장관 딕 체니(Dick Cheney)와 합참의장 콜린 파웰(Colin Powell)

이 주도한 군사보고서에서 처음 제기된 것으로, 두 지역에서 동시에 승리를 거둔다는 뜻이지. 요즘엔 일반적으로 상대방과 나에게 모두 긍정적인 효과가 있는 전략을 말한다.

나의 성공은 나만의 것이 아니다

네가 속한 단체―반이든, 동아리든, 친구의 모임이든―의 사람들과 함께 일할 때 네 힘을 아껴서는 안 된다. 그 안에서 네가 가장 많이 일하고, 가장 많이 땀 흘려야 한다. 그리고 어떤 승리나 성과가 생겨났을 때는 그 공을 함께 나눌 줄 알아야 한다.

제너럴 일렉트릭(General Electric Company, GE)의 최연소 회장을 역임한 잭 웰치는 성공이 자신만의 몫이 아니라며 다음과 같이 말했다.

"나는 1인칭으로 나의 성과를 부르는 것이 정말 싫다. 지금까지 내가 이룬 것은 다른 사람들이 있었기에 가능한 일이기 때문이다."

기러기들이 겨울을 나려고 남쪽으로 떠나는 모습을 보면 V자 모양으로 날아가는 것을 알 수 있다. 왜 V자 모양으로 날아가는 걸까? 그것은 뒤에 있는 동료를 배려하기 위해서다. V자 모양으로 날면 뒤에 따라오는 새들이 날기 쉬운 기류가 형성되어 같은 힘을 들이고도 70% 정도 멀리 날 수 있다는구나.

만일 기러기가 혼자서 날아간다면 따뜻한 곳으로 갈 수 있을까? 과학자들이 분석한 바에 따르면, 그 확률은 팀을 이루고 날아갈 때의 절반 이하로 떨어질 것이라고 한다.

조연을 주로 하면서 영화의 양념 같은 역할을 하다가 어느 날 멋진 영화의 주인공으로 우뚝 선 배우들을 많이 보았을 거야. '나'를 소리 높여 외치기보다는 묵묵히 '우리'를 위해 일하고 행동하는 네가 되기를 바란다.

크고 명확한
목표가 성공을 가져온다

"큰 목표를 가지고 성실하게 임하면 세상은 큰 결과물을 주는 법이다. 크고 분명한 목표, 그것이 성공으로 이끄는 열쇠다."

목표와 소망을 혼동하지 마라

천문학적인 재산가이자 많은 사람의 존경을 받는 기업가가 있었다. 어느 날 그에게 야심만만한 대학생이 찾아왔다.

"회장님, 저는 성공의 비결을 알고 싶습니다. 무례하지만 저는 성공을 갈구하고 있습니다. 저에게 가르침을 주십시오."

"지금은 업무로 바쁘니 오늘 저녁에 우리 집으로 오게."

대학생은 그날 저녁 기업가의 집으로 갔다. 휘황찬란한 저택 마당 한쪽에 있는 텃밭이 눈에 띄었다.

"이리로 와보게."

그곳에는 커다란 수박들이 자라고 있었는데 몇 개는 그렇지 못했다는구나. 아주 작은 수박이 열렸던 거지. 대학생은 작은 수박들을 자세히 보았다. 그 수박들은 이상하게도 전부 유리병 안에서 자라고 있었다.

"큰 수박과 작은 수박의 다른 점을 아는가? 큰 수박들은 자신이 뿌리에서 빨아들인 양분을 마음껏 섭취하면서 가장 큰 수박이 되고자 하는 목표가 있기 때문에 저렇게 자랄 수 있다네. 하지만 유리병에 갇힌 수박들은 유리병 이상의 목표를 갖지 못하지. 유리병만큼만 자라면 그것으로 끝이라고 생각하는 거야. 사람들이 크게 이루지 못하는 것은 목표를 크게 설정하지 않기 때문이라네. 큰 목표를 가지고 성실하게 임하면 세상은 큰 결과물을 주는 법이지. 크고 분명한 목표, 그것이 자네를 성공으로 이끄는 열쇠가 될 거야."

가끔 소망과 목표를 혼동하는 친구들을 본다. 소망은 꿈과 희망을 말하는 거지. 하지만 목표는 그 소망을 이루기 위해 구체적인 계획을 세워두는 것이란다.

네 꿈의 크기는
얼마나 되는지 아니?

'누가, 언제, 어디서, 무엇을,
어떻게, 왜' 할 것인지 정하라

여행을 떠날 때 무턱대고 발길 닿는 대로 떠나서는 많은 것을 얻

을 수 없다. 떠나기 전에 지도를 보고 길을 알아두고, 이것저것 필

요한 것들을 준비해야 한다. 계획을 완벽하게 짜두면 가고자 하는 곳에 보다 쉽게 갈 수 있을 거야.

여행을 떠날 때처럼 목표는 구체적이고 명확해야 한다. 단기적인 목표와 장기적인 목표를 구분하는 것도 중요하지. 어떤 목표를 세우고 그것을 이루는 데 1년이 걸리든 5년이 걸리든 상관없다는 식의 자세는 목표를 세우지 않은 것과 마찬가지다. 목표는 '한 달후에 이룰 목표, 1년 후에 이룰 목표, 10년 후에 이룰 목표' 등으로 세분화해야 한다.

'일주일이나 한 달 후에 이룰 목표' 처럼 단기간의 목표는 반드시 실천할 수 있는 계획들로 채워야 하지만, '10년 후의 목표' 와 같이 장기간의 목표는 되도록 크면서도 명확하고 구체적으로 세워야지. 예를 들어 '나는 사업을 할 거야' 가 아니라 '나는 어떤 분야의 사업을 할 것이며, 1년에 얼마 정도 벌어들이는 기업가가 될 거야' 라는 목표를 세우는 거다.

인도 출신으로 노벨 문학상을 수상한 작가 조지프 러디어드 키플링(Joseph Rudyard Kipling)이 한 말이 목표를 세우는 데 도움이 될 것이다.

"나는 정직한 도우미 여섯 명을 항상 옆에 둔다. 그들은 내가 알고 있는 모든 것을 가르쳐주었다. 그들의 이름은 '누가, 언제, 어디서, 무엇을, 어떻게, 왜' 다."

목표를 세울 때는 이 도우미들을 잘 생각해보고 명확하게 세우도록 노력하렴. 명확한 목표가 성공을 가져오는 법이니까.

나만의
'성공 방정식'을 만들어라

"기업이 모토에 맞게 운영하고 발전해가는 것처럼 나는 '나만의 성공 방정식'에 따라 '나'라는 주식회사를 경영한다."

성공한 기업에는 그 기업만의 성공 방정식이 있다

월가의 펀드매니저 제프 베조스(Jeff Bezos)가 서른 살이 되던 1994년 처음 아마존닷컴을 설립할 때만 해도 사람들은 모두 고개를 가로저었다. 그런데 지금 아마존은 세계 최대의 인터넷 서점이자 종합 쇼핑몰로 성장했지. 이 회사 곳곳에는 다음과 같은 모토가 걸려 있다.

'열심히 일하라. 즐겨라. 역사를 만들어라.'

이 회사가 성공할 수 있었던 요인 중 하나는 자신의 회사에 맞는 '성공 방정식'을 잘 세워두었기 때문이라는 생각이 드는구나. 열심히 일하고, 일하는 것을 즐기며, 여태껏 없었던 새로운 시도이므로 새로운 역사를 만들어가자는 다짐. 그것이 직원들을 한데 모았고, 결국 성공에 이르게 한 이 회사만의 성공 방정식인 셈이지.

너는 책상이나 수첩에 '나만의 성공 방정식'을 적어두었니? 나만의 성공 방정식은 목표와 다르다. 성공 방정식은 인생의 표어 혹은 삶의 방식 같은 것이지. 가정으로 말하면 가훈, 학급으로 따지면 급훈 같은 것이다.

네가 너라는 주식회사를 경영한다고 생각하고 어떤 글귀가 네 삶을 대표할지 생각해보렴. 먼저 '나는 삶에 대해 어떤 생각과 태도를 가지고 있는지' 생각해봐야 한다.

세상의 수많은 사람들은 보통 세 가지 부류로 나눌 수 있다.

첫째, '될 것이다'라고 생각하는 사람이지. 이런 생각을 하는 사람은 무엇이든 다 해내는 사람이다.

둘째, '되지 않을 것이다'라고 생각하는 사람이지. 이런 생각을 하는 사람은 대부분 이룰 수 없는 사람이다.

셋째, '할 수 없다' 고 생각하는 사람이지. 이런 생각을 하는 사람은 모두 실패하고 마는 사람이다.

너는 지금 어떤 생각과 태도를 가지고 있니? 첫째 부류의 사람처럼 생각하고 행동해야 너만의 성공 방정식을 만들 수 있다. 둘째나 셋째 부류의 사람처럼 생각하고 행동한다면 인생의 승부를 겨뤄보기도 전에 패배한 사람에 불과하다.

긍정적인 생각, 할 수 있다는 마음가짐, 모든 것에서 희망을 보는 시선! 그것이 네가 기본적으로 갖춰야 할 덕목이지.

'나' 라는 이름의 주식회사를 운영하라

나만의 성공 방정식을 어떤 것으로 세울까? 여러 기업의 모토를 살펴보면 참고가 되겠구나. 기업의 모토에는 그 기업의 자세와 비전이 담겨 있거든.

일본의 대기업 소니(Sony Corporation)의 모토는 '소비자들의 필요에 초점을 맞춘 제품을 창조하자' 라고 한다. 컴퓨터의 신화 애플은 '빛의 속도로 고객에게 집중한다', 인텔(Intel Corporation)은 '칭찬은 공적으로, 비판은 사적으로', 인터넷 검색엔진 업체로 유명한 구글(Google)은 '나쁜 일을 하지 마라', 롯데는 '언제나 고객과 함께', 포스코는 '사회적 책임을 다한다', 신한은행은 '평범한 개인의 비범한 집단', 포스트잇으로 잘 알려진 3M은 '상상할 수 있는 것보다 기능적인 제품을 만든다' 로 정해두었다.

어떠니? 기업의 특징을 잘 나타내는 모토들이지? 직원과 경영진 모두 모토에 맞게 기업을 운영하고 발전시키는 것처럼 너도 '나만의 성공 방정식' 을 확실하게 세워두고 '나' 라는 주식회사를 경영해보렴.

누구보다 멋지고, 세상을 위해 더 많은 것을 줄 수 있는 너의 모습, 너만의 성공 방정식에 맞게 날마다 발전해가는 너의 모습 기대할게.

224

가장 먼저 사랑하고
가장 나중까지 사랑하라

"따스한 가슴이 없는 재능, 다른 사람에 대한 배려가 없는 출세, 주위 사람을 밟고 일어선 성공은 '하루살이 성공'에 불과하다."

사람은 다른 사람을 돕고 사랑하기 위해 산다

"나비처럼 날아서 벌처럼 쏘아라."

역사상 가장 위대한 권투선수 무하마드 알리(Muhammad Ali)가 한 말이다. 알리가 위대한 선수로 꼽히는 것은 권투를 잘했기 때문이 아니다. 그는 현재 파킨슨병에 걸려 팔다리가 불편하고 거동조차 하기 힘들지만 여전히 거인이다.

1975년 미국 CBS 뉴스에서는 한 가지 안타까운 소식이 흘러나오고 있었다. 장애 노인들을 돌보는 한 사회복지 단체가 재정이 부족해 문을 닫는다는 뉴스였지. 그때 어떤 사람이 익명으로 방송국에 5만 달러를 보내왔다.

기자들은 그가 누군지 궁금했지만 알아낼 수가 없었다. 그러다 〈뉴욕 타임스〉 기자가 돈이 온 경로를 추적하다가 무하마드 알리가 기부한 것임을 알았다. 기자는 알리에게 물었지.

진정한 성공을 원하세요?
아낌없이 사랑하세요.
사랑 없는 가슴엔
행복도 없답니다!

"그 큰돈을 기부하신 이유가 무엇입니까? 그것도 자신을 알리지 않고 말입니다."

알리는 미소지으며 대답했다.

"그 돈은 내가 이 지구상에서 나의 공간을 마련한 것에 대한 집세를 내는 것입니다. 그것이 지구에 사는 사람들이 당연히 해야 할 세상에 대한 봉사니까요."

'장미꽃을 전하는 사람의 손에는 장미 향기가 남아 있다' 라는 중국 속담이 있다. 다른 사람에게 사랑을 주는 사람에게는 사랑이 남는다는 사실을 잘 말해주는 속담이지.

앨버트 아인슈타인(Albert Einstein)도 알리처럼 다른 사람의 생애를 무척 중요시했다. 최고의 두뇌와 명성이 있는 그에게 최고의 성공은 무엇이었을까? 한 제자가 물었다.

"박사님, 사람은 도대체 왜 살아가는 것입니까?"

아인슈타인은 물끄러미 그 제자를 보면서 말했다.

"다른 사람을 돕고 사랑하기 위해 사는 거지."

사람들은 저마다 위대한 사람이나 훌륭한 사람이 되기를 바란다. 하지만 요즘은 돈을 많이 버는 사람, 유명한 사람이 위대한 사람이라고 착각하는 경우가 많다.

흑인해방운동의 기수이자 1964년 비폭력 저항운동으로 노벨평화상을 받은 마틴 루서 킹(Martin Luther King Jr.)은 위대한 사람을 다음과 같이 정의했다.

"누구나 위대한 사람이 될 수 있다. 왜냐하면 누구나 남에게 필요한 존재가 될 수 있으니까. 대학에 가고 학위를 따야만 남에게 필요한 존재가 되는 건 아니다. 학식 있고 머리가 좋아야만 그렇게 할 수 있는 것도 아니다. 사랑할 줄아는 가슴만 있으면 된다. 영혼은 사랑으로 성장하니까."

사랑받기 위해 먼저 사랑하라

다른 사람에게 도움을 주고 값진 선물을 주기 위해서는 돈이 꼭 필요하다고 생각하는 친구들도 있을 거야. 하지만 돈이 없는 너희에겐 다른 값진 것들이 있단다.

관심, 칭찬, 배려, 시간, 대화, 경청, 이해, 사랑…….

바로 이런 것들이 너희에게 있는 값진 선물이다. 그것들을 다른 사람에게 충분히, 아무런 조건 없이, 마음껏 나눠줄 수 있는 네가 되렴.

따스한 가슴이 없는 재능, 다른 사람에 대한 배려가 없는 출세, 주위 사람을 밟고 일어선 성공은 '하루살이 성공'에 불과하다. '세상이 팍팍하고, 자신의 것 하나 챙기기에 급급하며, 오직 자기 자신만이 중요한 시대인데?'라는 생각처럼 어리석은 것은 없다.

세상은 모든 것이 전염되는 곳이다. 네가 이기심을 가지면 다른 사람에게도 이기심이 전염되어 세상은 이기심 지옥이 되고, 네가 사랑을 가지고 다른 사람에게 나눠주면 사랑이 전염되어 세상은 사랑 천국이 되는 것이다.

한 작가가 신문사에서 원고를 청탁받았다. 그 내용은 '다른 사람에게 사랑받는 방법'이었다. 그 작가는 간명하면서도 확실한 답을 써주었다.

'먼저 사랑하시오.'

가장 먼저 사랑하고 가장 나중까지 사랑하는 네가 되렴.

시선을
현재가 아닌
미래에 두어라

> "훗날 미래의 주인공으로 우뚝 서려면 좀더 멀리 바라보고, 그것에 맞추어 살아가는 지혜가 필요하다."

현재에 안주하지 말고 미래의 비전을 보라

커피 한 잔으로 신화가 된 사람이 있다. 스타벅스(Starbucks)의 하워드 슐츠(Howard Schultz) 회장이다. 전 세계의 도시에 체인점을 운영하는 스타벅스 커피 전문점은 우리나라에도 땅값이 가장 비싸다는 서울 명동 한복판을 비롯해 도시 곳곳에 자리잡고 있다. 그가 이토록 큰 성공을 거둘 수 있었던 것은 그의 시선이 현재가 아니라 미래에 있었기 때문이다.

슐츠는 스물여덟 살에 성공 가도를 달리고 있었다. 한 회사의 부사장이던 그는 고급 승용차를 타고 다녔고, 연봉 8만 달러를 받았으며, 최고급 아파트에 살았지. 하지만 가슴 어딘가 늘 허전했어.

그러던 어느 날 평범한 커피 전문점에 불과하던 스타벅스에서 커피 한 잔을 마셨다. 그곳에 근무하는 사람이 정성스럽게 커피 한 잔을 빼서 주었는데, 그 커피가 목 안을 타고 들어가는 순간 슐츠는 말할 수 없는 충격에 휩싸였어. 집에 돌아와서도 그의 머릿속에는 커피 한 잔의 향기가 떠나지 않았지. 회사에서 일하면서도 그는 많은 생각을 했다.

슐츠는 스타벅스 커피 전문점에 대한 사업을 머릿속으로 그려 보았어. 그것은 거액의 연봉과 부사장이라는 명예를 포기해야 했고, 회사에서 제공하는 고급 승용차도 돌려줘야 하는 일이었다. 미래가 불투명한 조그만 커피 전문점에 합류한다는 것은 위험천만한 일이었지. 다른 사람의 시각으로 볼 때 그 일은 무모한 시도였다. 그러나 그에게는 스타벅스라는 조그만 회사를 커다란 기업으로 키워낼 수 있다는 자신감과 앞으로 커피의 수요가 엄청나게 늘어날 것이라는 비전이 있었다.

슐츠는 스타벅스의 창업자 제럴드 볼드윈(Gerald Baldwin)과 고든 보커(Gordon Bowker), 이사회 멤버이자 파트너인 스티브 도노반(Steve Donovan)과 함께 저녁식사를 하면서 자신의 사업 비전에 대하여 정열적으로 설명했다. 그렇지만 다음날 그에게 돌아온 통보는 '우리는 큰 변화를 원하지 않습니다. 당신을 채용할 수가 없습니다' 라는 것이었지. 그는 물러서지 않고 사장과 이사진을 설득하기 시작했다. 결국 그들은 슐츠의 열정에 반해 그를 채용했어.

1987년 스타벅스는 미국에 있는 매장 11개가 전부였지만, 그의 열정으로 인해 지금은 전 세계 30개국 6,300여 매장에서 7만여 명의 종업원이 일하는 공룡 회사로 거듭났다. 슐츠의 성공은 시선을 현재가 아니라 미래에 두고, 거절을 포기로 받아들이지 않고 다시 도전한 덕분에 이루어질 수 있었지.

"커피가 아니라 편안함을 판다" 는 하워드 슐츠 회장은 우리에게 다음과 같이 자신의 성공 비결을 들려주고 있다.

나는 사람들에게 영감을 불어넣어 각자 자신의 꿈을 추구하도록 하고 싶다. 나는 좋은 가문 출신도 아니고, 일찍부터 나를 이끌어주는 인생의 선배가 많았던 것도 아니며, 부유하게 태어나지도 못했다. 그럼에도 불구하고 나는 큰 꿈

을 꿀 용기가 있었고, 의지를 가지고 그 꿈을 현실로 만들었다. 포기하지 않는다는 굳은 결심으로 계속 추구해나간다면 사람들은 대부분 자신의 꿈을, 아니 그 이상의 것을 성취할 수 있으리라 확신한다.

우리는 주위에서 힘들게 노력하지 말고 인생의 쉬운 길로 가라는, 또 일반적인 상식을 좇아 살라는 압력을 받는다. 그렇기 때문에 현재 상황을 거부하고 그들의 기대와 다르게 행동한다는 것은 쉬운 일이 아니다. 그러나 진실로 자신과 자신의 꿈을 믿는다면 스스로 해낼 수 있다. 비전을 실천할 수 있는 모든 일을 해야 한다. 그 어떤 위대한 업적도 행운으로 우연히 이루어지지 않는다.

눈을 들어 시선을 먼 곳에 두어라

이야기를 하나 더 들려줄게. 한 해가 지날 때마다 뛰어난 성과를 올리며 성장하는 회사가 있었다. 그 회사에는 특별한 승진 제도가 있었지. 좋은 성과를 거두었다고 다 승진하는 것은 아니었다. 그 회사의 사장은 그 이유를 이렇게 이야기했다.

"우리 회사는 직원이 과거에 뛰어난 업적을 올렸다고 해서 승진시키지는 않습니다. 직원이 미래에 일을 더 잘할 비전이 있을 때 승진시키지요."

비슷한 예를 하나 더 들어보자. 햄버거의 대명사로 불리는 맥도날드(McDonald' s Corporation)에서는 회사의 간부를 선발할 때 두 가지를 본다고 한다.

'현재 능력이 있는 매우 중요한 사람과 미래에 큰 능력을 발휘할 가능성이 높은 사람.'

눈을 들어 시선을 먼 곳에 두렴. 당장 눈앞에 닥친 것에만 급급해서 허둥지둥 살아가는 하루살이 인생이 되어서는 안 된다. 네 앞에는 더 많은 날들과 시간이 있다. 훗날 네가 미래의 주인공으로 우뚝 서려면 좀더 멀리 바라보고, 그것에 맞추어 삶을 살아가는 지혜가 필요하다.

박.성.철. 선.생.님.의. 테마 박물관 이야기

테마 박물관이라고 들어봤니? 특정한 주제를 정하고 그에 관련된 자료나 물건들을 모아놓은 곳이지. 이런 곳에 가보면 세상이 이처럼 다채롭고 흥미진진하다는 사실에 놀랄 거야. 책으로 보거나 이야기로 듣던 신기한 세계를 직접 만져보고 경험해볼 수 있으니 다른 세상에 와 있는 기분이겠지? 하지만 결코 다른 세상이 아니다. 조금만 더 시야를 넓히면 그 모든 것이 우리가 살아왔고, 앞으로 살아갈 세상이지.

우물 안 개구리를 벗어나서 좀더 기발하고 창의적인 시야를 기를 수 있는 테마 박물관들이 우리가 사는 가까운 곳에도 많단다. 부모님이나 친구 손을 잡고 가까운 테마 박물관에 가보는 건 어떨까?

서울 지역
서울 지역에는 종로구에 테마 박물관들이 집중되어 있다. 먼저 흥미를 끄는 곳이 로봇박물관(www.robotmuseum.co.kr 서울 종로구)이다. 이곳에는 전 세계에서 수집한 로봇 관련 유물 3,500점을 전시해놓았다. 점차 인간을 닮아가는 로봇의 세계를 이해하고 로봇을 친구로 맞을 준비를 해야겠구나. 다음엔 쇳대박물관(www.lockmuseum.org 서울 종로구)에 들러볼까? 쇳대란 자물쇠를 말한다. 이 박물관에는 우리나라뿐만 아니라 세계 각국의 독특한 자물쇠를 수집해놓았다. 자물쇠만 모아서 박물관을 만들었다니 신기하지?

별난물건박물관(www.funique.com 서울 용산구)에 가면 아기자기한 기적의 이야기를 볼 수 있다. 소리, 빛, 과학, 움직임, 생활 등 다섯 가지 주제로 이색적인 물건들을 모아놓았는데, 경기도 파주와 부산에도 별관이 있지. 이곳에서 한참 놀다 보면 자신도 모르게 창의적인 생각이 마구 떠오를 것 같구나.

◎
◎

경인 지역

한국만화박물관(www.comicsmuseum.org 경기 부천시)에 가 보면 한국 만화의 역사뿐만 아니라 희귀 만화를 만나볼 수 있고, 만화 제작 과정도 상세히 알 수 있단다. 또 한국기독교역사박물관(www.kchmuseum.org 경기 이천시)에는 한국 기독교 100년의 역사가 10만 여 점의 자료에 꼼꼼히 채워져 있다. 기독교 신자가 아니라도 한번 들러볼 만한 곳이란다. 지도박물관(http://museum.ngii.go.kr 경기 수원시)에 가면 지도의 기원을 비롯해 각종 고지도부터 현대의 GIS까지 지도의 변천사를 한눈에 볼 수 있다. 재미난박물관(www. funkr.com 인천 중구)에 가면 '놀면서 과학, 수학, 물리를 다 잡는다' 는 모토에서 알 수 있듯이, 세계에서 수집한 과학 제품을 체험하면서 상상력과 창의력을 키울 수 있단다.

◎
◎

대전·충청 지역

한국조폐공사가 1988년에 설립하여 문을 연 화폐박물관(http://museum.komsco.com 대전 유성구)에는 국내외 화폐와 유가증권류를 전시하고 있다. 이곳에서 우리나라 화폐 1,000년의 역사를 한눈에 살펴보렴. 화폐박물관 가까운 곳에 광물, 암석, 화석 같은 지질 표본을 전시해놓은 지질박물관(http://museum.kigam.re.kr 대전 유성구)도 있으니 함께 관람하면 좋겠지? 한편 교과서박물관(www.textbookmuseum.co.kr 충남 연기군)이 우리나라 교과서의 변천사를 한눈에 볼 수 있는 곳이라면, 청주고인쇄박물관(www.jikjiworld.net 충북 청주시)은 세계 인쇄의 역사와 현재를 모아놓은 곳이다. 세계에서 가장 오래된 금속활자 직지를 비롯해 동서양의 인쇄 역사와 미래를 집약해놓았으니 꼭 관람해보렴.

◎

◎

광주·전라 지역

대양을 마주보고 있는 지역인 만큼 해양 관련 박물관이 특징이다. 땅끝해양자연사박물관(www.tmnhm.com 전남 해남군)과 국립해양유물전시관(www.seamuse.go.kr 전남 목포시)이 대표적이지. 땅끝해양자연사박물관은 해양에 사는 생물의 모습을, 국립해양유물전시관은 해양을 끼고 사는 인간의 모습을 전시해놓았다.

이 지역에는 고창판소리박물관(www.pansorimuseum.com 전북 고창군)과 익산보석박물관(www.jewelmuseum.go.kr 전북 익산시)도 운영되고 있으니 참고하면 좋겠구나.

◎

◎

부산·경상 지역

부산해양자연사박물관(http://sea.busan.go.kr 부산 동래구)은 땅끝해양자연사박물관과 더불어 바다에 사는 생물을 전시해놓은 대표적인 박물관이다. 또 세계 3대 공룡발자국 화석지 중 한 곳인 고성에는 고성공룡박물관(http://museum.goseong.go.kr 경남 고성군)이 있다. 이곳에 가면 공룡이 어떻게 탄생하고 진화하고 멸종했는지 알 수 있을 것이다.

이밖에도 포항에는 국내에서 하나뿐인 국립등대박물관(www.lighthouse-museum.or.kr 경북 포항시)이 있고, 사천에는 우주 시대를 대비한 항공우주박물관(www.aerospacemuseum.co.kr 경남 사천시)이 있으니 관심을 가져볼 만하다. 고대 가야시대의 유물을 전시해놓은 대가야사이버박물관(www.daegaya.net 경북 고령군)에 들러보는 것도 재미있는 추억이 될 거야.

◎

◎

강원 지역   영월책박물관(www.bookmuseum.co.kr 강원 영월군)은 꼭

한번 가보기 바란다. 폐교를 박물관으로 만든 이곳은 전문 서점과 공연장, 문화예술인의 작업실 등이 어우러진 책마을을 조성할 계획이라는구나.

부천과 함께 우리나라 애니메이션 산업의 양대 산맥을 이루는 춘천에는 애니메이션박물관(www.animationmuseum.com 강원 춘천시)도 있단다.

◎

◎

제주 지역   제주 지역에서는 아프리카박물관(www.africamuseum.or.kr

제주 서귀포시)을 빼놓을 수 없다. 서울 대학로에 있던 것을 2004년 제주도 중문관광단지에 신축 이전한 것으로, 18세기부터 20세기 초까지 아프리카 미술품을 전시하고 있지. 왜곡된 아프리카 문화를 보다 객관적으로 재조명할 수 있는 기회가 될 거야.

박성철

부산에서 태어나 부산교육대학교를 졸업했습니다. 현재는 부산 동래초등학교에서 아이들과 함께 생활하고 있습니다. 1999년 교육부의 '고마우신 선생님' 수기 공모에 당선되어 교육부 장관상을 수상했습니다. 지은 책으로는 어린이를 위한 《천재를 뛰어넘은 77인의 연습벌레들》 《비타민 동화》 《희망 도토리》 《아주 특별한 너에게》 《소중한 친구와 나누어 갖고 싶은 책》, 창작동화 《나 너 좋아해! 너 나 좋아해?》, 어른을 위한 산문집 《누구나 한번쯤은 잊지 못할 사랑을 한다》 《처음으로 사랑을 느낀 사람에게 주고 싶은 책》, 시집 《눈물편지 1, 2》 《사랑은 때로 먼 길을 돌아가라 하네》 등이 있습니다.

모범생을 뛰어넘는 39가지 성공 습관
중학생 인생수업

1판 1쇄 발행 | 2007년 6월 12일

1판 17쇄 발행 | 2014년 3월 20일

지은이 | 박성철

펴낸이 | 고영수

펴낸곳 | 추수밭

등 록 | 제 406-2006-00061 (2005.11.11)

주 소 | 서울시 강남구 도산대로 38길 11(논현동 63)
　　　　경기도 파주시 회동길 173(문발동 518-6) 청림아트스페이스

전 화 | 02)546-4341

팩 스 | 02)546-8053

www.chungrim.com
cr2@chungrim.com

ISBN 978-89-92355-07-0 03320